U0816882

2014年第二季度

支付业务季报

Quarterly Payment Statistics and Analysis

中国人民银行支付结算司　编

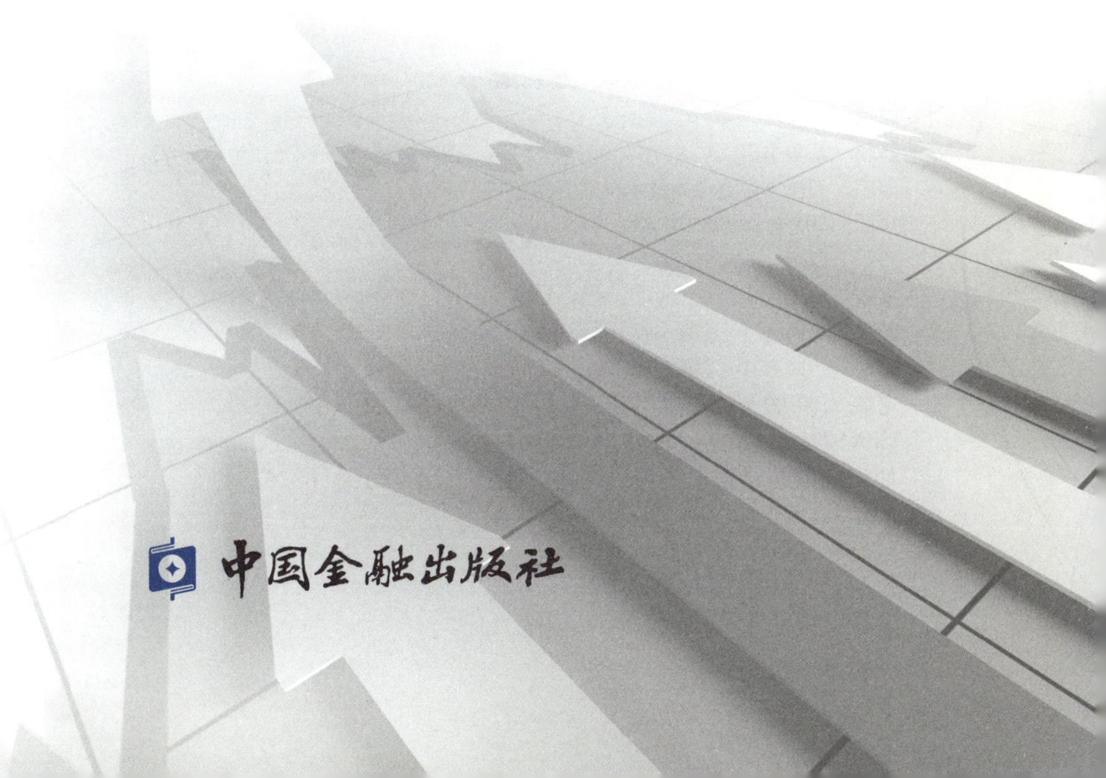

中国金融出版社

责任编辑：黄海清
责任校对：李俊英
责任印制：程　颖

图书在版编目（CIP）数据

支付业务季报（Zhifu Yewu Jibao）. 2014年. 第二季度/中国人民银行支付结算司编. —北京：中国金融出版社，2014.10
ISBN 978-7-5049-7348-1

Ⅰ.①支…　Ⅱ.①中…　Ⅲ.①业务核算—会计报表—中国—2014　Ⅳ.①F832.2

中国版本图书馆CIP数据核字（2014）第213874号

出版发行 中国金融出版社
社址 北京市丰台区益泽路2号
市场开发部 （010）63266347，63805472，63439533（传真）
网上书店 http://www.chinafph.com
（010）63286832，63365686（传真）
读者服务部 （010）66070833，62568380
邮编 100071
经销 新华书店
印刷 天津市银博印刷技术发展有限公司
尺寸 210毫米×285毫米
印张 12.5
字数 223千
版次 2014年10月第1版
印次 2014年10月第1次印刷
定价 100.00元
ISBN 978-7-5049-7348-1/F.6908
如出现印装错误本社负责调换　联系电话（010）63263947

支付业务季报（2014年第二季度）

编写组

组　　长：励　跃

副 组 长：樊爽文

统　　稿：张莉英　刘忠明

执　　笔：第一部分：丁　岩　董春芳　张兴人

第二部分：张莉英　吴　彬　王　晗

第三部分：杨　青　赵　静　刘忠明

第四部分：张莉英　刘忠明　赵　静

第五部分：刘忠明　何玲枢　魏　华

附录整理：刘忠明　丁　岩　董春芳　吴　彬　王　晗　赵　静

支付业务报表审核：刘忠明　吴　彬　王　晗　赵　静

提供材料：冯　锐　张亚双　徐轶涛　吕新荣　姚文军

审　　稿：励　跃　周金黄　樊爽文　张　晔　严　芳　谭静蕙　欧韵君　程世刚　黄　萍　潘　松

内容概要

2014 年第二季度，国内经济运行总体平稳，结构调整稳中有进，转型升级势头良好。全国支付体系安全稳定运行，支付业务量稳步增长，社会资金交易规模持续增大，金融资源配置效率不断提高，支付体系在促进实体经济增长，加快普惠金融和民生金融发展等方面发挥了重要作用。第二季度，支付系统共处理支付业务 72.99 亿笔，金额 867.02 万亿元；全国共办理非现金支付业务 150.38 亿笔，金额 456.20 万亿元。截至第二季度末，全国累计发行银行卡 45.40 亿张，其中信用卡 4.22 亿张；开立银行结算账户 60.61 亿户，其中单位银行结算账户 3 776.23 万户。

2014 年第二季度，中国人民银行认真贯彻落实党的十八大、十八届三中全会和中央经济工作会议精神，坚持稳中求进工作总基调，以改革创新统领支付结算各项工作，着力提升支付服务和管理水平，促进支付体系与经济金融持续协调发展。一是中央银行会计核算数据集中系统在全国全面上线运行，实现了会计核算数据全国集中，对于进一步畅通货币政策传导机制、促进金融业稳定运行、提高资源配置效率具有重要意义。二是继续做好第二代支付系统推广上线工作，新增 32 家机构业务系统切换为第二代支付系统报文标准。三是在全国组织开展对 4 家支付机构银行卡收单业务的专项检查，维护银行卡收单市场秩序，促进银行卡产业健康发展。四是组织 7 家试点财务公司成功开办电子商业汇票线上清算业务，有效提升票据资金结算效率，为该业务在全国推广奠定良好基础。五是下发《中国人民银行关于加强银行业金融机构人民币同业银行结算账户管理的通知》，进一步规范人民币同业银行结算账户的开立和日常管理，防范金融风险。

支付系统安全、稳定运行。第二季度，支付系统共处理支付业务 72.99 亿笔，金额 867.02 万亿元，同比分别增长 26.45% 和 18.39%。其中，农村金融机构共处理支付业务 6.05 亿笔，金额 50.75 万亿元，分别占支付系统业务总量的 8.29% 和 5.85%。从支付系统资金往来情况看，全国“经济圈”、“经济带”的作用逐渐显现，19 个省（自治区、直辖市）的省际间资金流动量超过本省（自治区、直辖市）资金流动总量的 50%。

银行卡业务量稳步上升，电子支付业务快速增长。银行卡仍然是社会公众使用最广泛的日常支付手段。第二季度，全国共发生银行卡交易 142.91 亿笔，金额 109.58 万亿元，同比分别增长23.49%和6.14%。其中，消费业务47.17亿笔，金额10.04万亿元，同比分别增长54.37%和35.26%；银行卡渗透率达47.69%，信用卡授信使用率为40.17%。随着网络应用环境的持续改善和智能手机的普及应用，网上支付、移动支付等电子支付业务快速发展。第二季度，网上支付业务66.81亿笔，金额321.14万亿元，同比分别增长15.45%和29.56%；移动支付业务9.47亿笔，金额4.92万亿元，同比分别增长1.55倍和1.37倍，持续保持高位增长。

基本存款账户增加显著。注册资本登记制度改革激发了社会投资活力，基本存款账户大幅增加。第二季度，全国基本存款账户增加89.57万户，较上年同期增长20.83%，增速较第一季度加快16.26个百分点。从注册资金规模看，注册资金在100万元至1 000万元的基本存款账户占比增速最快，占比达24.64%，较第一季度增加7.01个百分点；从存款人类别看，企业法人类基本存款账户占比增加最为显著，占比达72.51%，较第一季度增加9.04个百分点。投资人认缴出资较为理性，私营企业数量及资本增长强劲。

目　录

专栏

附录一　支付业务统计指标图表 …… 55

第一部分

非现金支付工具

2014年第二季度，社会资金交易规模逐步增大，非现金支付业务量稳步增长。全国共办理非现金支付业务1 503 814.58万笔，金额4 562 015.51亿元，同比分别增长23.35%和17.42%，笔数增速同比加快1.64个百分点，金额增速同比放缓8.57个百分点；与第一季度相比，笔数、金额增速分别加快2.37个百分点和0.06个百分点。第二季度，国内生产总值（GDP）14.08万亿元，同比增长7.5%①，非现金支付业务金额增速超过国内生产总值（GDP）增速达9.92个百分点，为我国国民经济平稳增长提供了有力支持。从总体趋势看，非现金支付业务金额增速变动与国内生产总值（GDP）增速变动保持较强的趋同性。

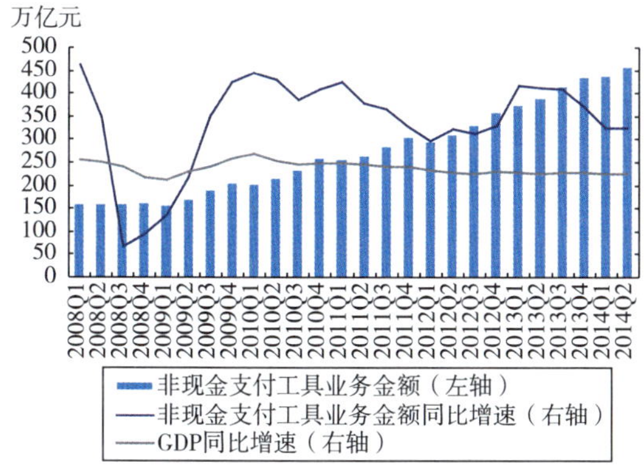

图1　非现金支付工具金额与GDP增速趋势

第二季度，全国共发生票据业务14 530.98万笔，金额673 756.79亿元，分别占非现金支付工具业务量的0.97%和14.77%，占比同比分别下降0.43个百分点和3.38个百分点；银行卡业务1 429 090.89万笔，金额1 095 772.36亿元，分别占非现金支付工具业务量的95.03%和24.02%，笔数占比同比上升0.10个百分点，金额占比同比下降2.55个百分点；汇兑、托收承付、委托收款等结算方式业务60 192.71万笔，金额2 792 486.36亿元，分别占非现金支付工具业务量的4.00%和61.21%，占比同比分别上升0.33个百分点和5.93个百分点。

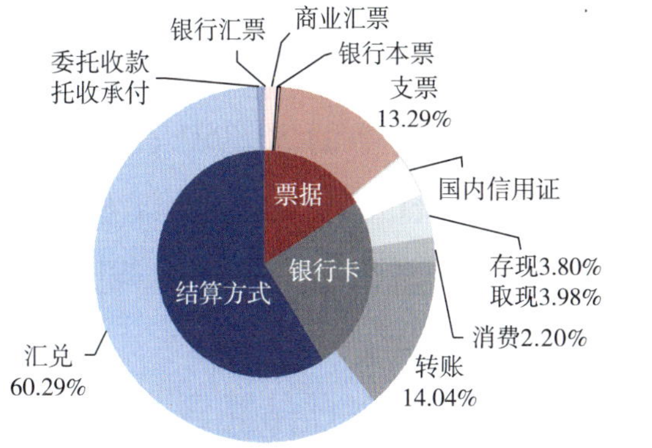

图2　2014年第二季度非现金支付工具业务金额占比结构

一、票据

（一）票据支付

第二季度，全国共发生票据业务14 530.98万笔，金额673 756.79亿元，同比分别下降15.10%和4.44%；日均159.68万笔，金额7 403.92亿元②。

第二季度，全国共发生支票业务13 874.88万笔，金额606 235.29亿元，同比分别下降15.73%和4.36%；日均152.47万笔，金额6 661.93亿元。平均每

①　数据来源于国家统计局。

②　2014年第二季度共计91个自然日，此处按自然日计算。

笔支票业务金额为43.69万元，同比增长13.49%。第二季度，单位支票业务13 655.02万笔，金额605 003.66亿元，同比分别下降15.94%和4.35%；个人支票业务219.86万笔，金额1 231.63亿元，笔数同比上升0.32%，金额同比下降7.34%。从支票业务地区分布情况看，笔数排名居前的广东①、江苏、浙江、山东和辽宁五省共发生支票业务4 961.73万笔，占全国总笔数的35.76%；金额排名居前的北京、江苏、广东、浙江和山东五省（直辖市）共发生支票业务291 853.74亿元，占全国总金额的48.14%。

第二季度，实际结算商业汇票业务454.81万笔，金额46 733.42亿元，同比分别增长15.38%和2.00%。其中，银行承兑汇票业务449.38万笔，金额44 855.29亿元，同比分别增长15.50%和1.51%；商业承兑汇票业务5.43万笔，金额1 878.13亿元，同比分别增长6.47%和15.29%。从实际结算商业汇票业务地区分布情况看，笔数排名居前的浙江、江苏、山东、河南和湖北五省共实际结算商业汇票279.34万笔，占全国总笔数的61.50%；金额排名居前的江苏、浙江、山东、广东和辽宁五省共实际结算商业汇票20 767.01亿元，占全国总金额的44.44%。

第二季度末，电子商业汇票系统参与者共计365家，较第一季度末增加4家。第二季度，电子商业汇票系统共发生业务110.29万笔，金额48 491.06亿元，同比分别增长93.27%和1.12倍。其中，承兑业务19.19万笔，金额7 397.96亿元。从电子商业汇票系统承兑业务地区分布看，笔数排名居前的广东、山东、湖北、浙江和上海五省（直辖市）共发生电子商业汇票承兑业务10.33万笔，占全国总笔数的53.82%；金额排名居前的江苏、山东、广东、浙江和上海五省（直辖市）共发生电子商业汇票承兑业务3 629.44亿元，占全国总金额的49.06%。通过大额支付系统发生票款对付业务11.99万笔，金额6 773.97亿元，同比分别增长87.88%和65.88%。

表1　2014年第二季度电子商业汇票系统业务量统计

单位：笔、亿元、%

业务类型	笔数		金额	
	第二季度	同比增速	第二季度	同比增速
出票	187 040	56.39	7 174.71	72.50
承兑	191 865	55.43	7 397.96	70.83
其中：银行承兑汇票	176 273	55.61	6 119.85	82.91
商业承兑汇票	15 592	53.43	1 278.11	29.77
贴现	55 147	58.88	3 607.16	61.57
转贴现	133 903	84.49	11 515.32	71.02
再贴现	73	-94.15	2.71	-96.15
通过大额支付系统发生票款对付业务	119 853	87.88	6 773.97	65.88

数据来源：中国人民银行电子商业汇票系统。

第二季度，全国共发生银行汇票业务77.88万笔，金额4 266.11亿元，同比分别下降17.58%和21.46%；银行本票业务121.01万笔，金额11 552.06亿元，同比分别下降24.98%和26.59%。银行汇票、银行本票业务量持续减少。

① 不含深圳市。如无特别注明，下同。

（二）票据贴现

第二季度，全国共发生商业汇票贴现业务80.73万笔，金额28 405.80亿元，笔数同比上升6.82%，金额同比下降6.18%。期末贴现余额10 946.90亿元，较第一季度末减少853.88亿元。从商业汇票贴现业务地区分布看，笔数排名居前的江苏、浙江、上海、山东和广东五省（直辖市）共发生商业汇票贴现业务39.17万笔，占全国总笔数的48.52%；金额排名居前的江苏、辽宁、浙江、山东和北京五省（直辖市）共发生商业汇票贴现业务14 460.25亿元，占全国总金额的50.91%。

第二季度，共发生电子商业汇票贴现业务5.51万笔，金额3 607.16亿元，同比分别增长58.88%和61.57%。从电子商业汇票贴现业务地区分布看，笔数排名居前的北京、广东、湖北、山东和浙江五省（直辖市）共发生电子商业汇票贴现业务3.23万笔，占全国总笔数的58.54%；金额排名居前的江苏、山东、北京、广东和浙江五省（直辖市）共发生电子商业汇票贴现业务

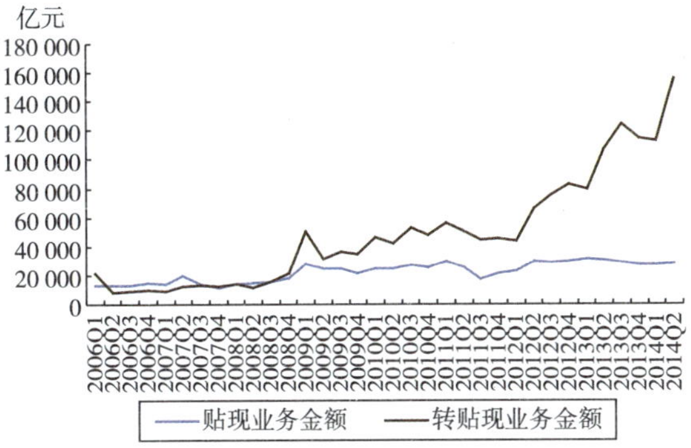

图3　2006年第一季度以来贴现、转贴现业务金额变动趋势

1 977.35亿元，占全国总金额的54.82%。

第二季度，共发生商业汇票转贴现业务177.31万笔，金额155 925.05亿元，同比分别增长46.45%和46.26%；期末转贴现余额24 741.06亿元，较第一季度末增加1 839.59亿元。

（三）票据风险

第二季度，全国共查处违规支票4.62万笔，涉及票面金额63.39亿元，同比分别下降13.76%和7.55%，分别占同期支票业务量的0.03%和0.01%。其中，空头支票4.19万笔，金额60.49亿元；预留签章不符支票0.43万笔，金额2.90亿元。

第二季度，全国实际处罚违规支票1.87万笔，处罚金额0.67亿元，分别占违规支票总量的40.37%和1.06%。广东、上海、深圳、浙江和辽宁五省（直辖市）第二季度共查处违规支票4.41万笔，涉及票面金额57.24亿元，分别占全国违规支票总量的95.45%和90.30%；实际处罚1.77万笔，处罚金额0.63亿元，分别占全国实际处罚违规支票总量的94.73%和93.93%。

截至第二季度末，全国银行业金融机构商业汇票逾期垫款金额766.86亿元，同比增长78.07%，环比上升13.42%。其中，股份制商业银行商业汇票逾期垫款金额占逾期垫款总金额的50.11%，占比同比上涨7.51个百分点；涉农金融机构[①]逾

① 包含中国农业银行、农村商业银行、农村合作银行及农村信用社。

期垫款金额86.31亿元，同比增长36.25%，占逾期垫款总金额的11.26%。从地区来看，排名居前的浙江、广东、江苏、福建和山东五省商业汇票逾期垫款金额合计达到438.92亿元，占全国商业汇票逾期垫款总金额的57.24%。

专栏1 对倒卖银行承兑汇票行为法律责任的探究以及对策建议

近年来，在银根收紧的大背景下，倒卖银行承兑汇票的案件频发，中间人从各种渠道低价收购票据再高价转出牟取利差，逐渐形成非法的地下票据贴现市场。一部分人以此为生，反复地开票、倒买倒卖、贴现赚取利差，使票据转让成为脱离实体经济的牟利工具。然而，由于与此类活动相关的法律和司法解释不够完善，导致实践中对倒卖银行承兑汇票行为在监管上缺乏手段，对倒卖银行承兑汇票的打击力度不到位，助长了这种灰色交易市场的存在，严重扰乱了票据市场乃至国家的金融秩序。

一、近年发生的倒卖银行承兑汇票案件及处理情况

2012年5月，杭州最大的票据中介林某等300余人因买卖银行承兑汇票被刑事拘留，浙江省人民检察院就个案向最高人民检察院公诉厅请示，最高人民检察院公诉厅认为“买卖银行承兑汇票是票据中介行为，不是贴现，不属于《刑法修正案（七）》规定的‘资金结算业务’，不能以‘非法经营罪’定罪处罚。故司法实践中，在没有新的明确的司法解释或相关规定出台前，对买卖承兑汇票行为不宜认定为非法经营”。

2012年7月，厦门公安破获的涉案243亿元的非法票据贴现案，犯罪嫌疑人牛某等替他人非法进行银行承兑汇票贴现业务，从中非法获利500多万元。厦门市中级人民法院同样认为不能以“非法经营罪”定罪，导致犯罪嫌疑人并未被追究刑事责任，相关违法所得也未予以没收。

2014年5月，泉州市晋江公安局以涉嫌非法经营罪对陈某等人立案侦查。犯罪嫌疑人陈某等人向公众提供银行承兑汇票贴现服务，后将承兑汇票进行倒卖而牟利，涉案金额141亿元。晋江市人民检察院将此案移送福建省人民检察院起诉后被驳回，原因是福建省人民检察院向最高人民检察院法律政策研究室请示，其认为汇票买卖行为不等同于支付结算行为，对于单纯买卖银行承兑汇票的行为不宜以非法经营罪追究刑事责任。

二、倒卖银行承兑汇票的成因分析

（一）银行贴现渠道不畅

一是贴现受限于资本充足水平和企业授信额度。银行对贴现金额纳入贷款管理，受自身资本充足水平和企业授信额度等因素影响，难以满足企业的全部贴现需求。银行承兑汇票承兑和贴现的比例失衡，而企业票据贴现需求却非常巨大，因此只能在传统票据市场外开辟新的融资渠道。二是实行选择性贴现。部分商业银行只对规模较大、信誉较好的商业银行签发的银行承兑汇票进行贴现，而对规模较小的地方性银行、农村商业银行、农村信用社签发的银行承兑汇票一般不予办理贴现。三是实行最低额管理。如规定只对100万元以上票据进行贴现等。这些措施限制了小额和由地方性银行承兑的商业汇票的贴现。因此，急需资金的企业只能选择民间贴现，满足资金周转需求。

（二）银行贴现手续审查严格、时间较长

在银行办理贴现业务时，手续审核要求严格，时间较长。而部分中小企业持有的银行承兑汇票，因为票据资料不完备，达不到金融机构办理贴现的要求，只能转而向私人贴现。而民间票据贴现市场交易手续简单快捷，只要票据真实，资金可在数小时内到账，不需要购销合同、增值税发票等材料。此外，办理民间贴现，银行无法监管贴现资金，贴现后可变更贷款用途，任意使用，不受约束，转贷他人、投入房地产开发、股市等都可。

（三）伪造票据的贸易背景

银行承兑汇票的贸易背景是贴现行审查的重点内容。一些票据在承兑时便没有真实贸易背景，因此难以直接向银行申请贴现。由于银行只对最后一手贸易背景进行审查，因此持票人便将票据转卖给票据中介，而票据中介通过虚构交易对手、伪造增值税发票复印件等方式“包装”票据的贸易背景，从而使不具备贸易背景的票据顺利向银行办理贴现。

三、倒卖银行承兑汇票行为的罪与否

根据我国相关法律法规的规定，对倒卖银行承兑汇票如何定性、如何适用法律问题等存在较大争议。2009年2月28日发布的《刑法修正案（七）》将《刑法》第二百二十五条第三项修改为：“未经国家有关主管部门批准非法经营证券、期货、保险业务的，或者非法从事资金支付结算业务的。”在《刑法修正案（七）》颁布后，中国银行业监督管理委员会政策法规部、公安部经济犯罪侦查局、最高人民检察院法律政策研究室等都对倒卖银行承兑汇票行为的性质认定、适用法律问题等提出相关意见。但由于没有具体的司法解释，导致实践中对《刑法修正案（七）》存在不同的理解。

（一）认定为“非法从事资金支付结算业务”

第一，2009年8月21日，中国银行业监督管理委员会政策法规部在《关于对李某等人倒卖银行承兑汇票行为性质认定意见的函》中提出，“安徽省××市××银行××支行原行长李某与他人串通注册成立空壳公司，伪造贸易合同，虚构贸易背景，从银行开出多份银行承兑汇票，李某随即将汇票倒手倒卖，累计票面金额达3亿元；此外李某还直接从他人手中购买银行承兑汇票进行倒卖，票面金额达10亿元。根据《刑法修正案（七）》第五条规定，李某行为可以认定为非法从事资金支付结算业务。”

第二，2009年9月28日，公安部经济犯罪侦查局作出了《关于对倒卖银行承兑汇票行为性质认定意见的批复》（公经［2009］253号）。该批复认为，“此类与他人串通注册成立公司，伪造贸易合同，虚构贸易背景，从银行开出多份银行承兑汇票进行倒卖，及从他人手中购买银行承兑汇票进行倒卖，从中牟利的行为，数额巨大，严重扰乱正常的票据管理秩序，可以认定为《刑法修正案（七）》第五条规定的‘非法从事资金支付结算业务’的活动。”

（二）认为汇票买卖行为不同于支付结算行为

2013年10月9日，最高人民检察院政策研究室在《关于买卖银行承兑汇票行为如何适用法律问题的答复意见》（高检研函字［2013］58号）中认为，“根据票据行为的无因性以及票据法关于汇票可背书转让的规定，汇票买卖行为不同于支付结算行为，将二者等同可能会造成司法实践的混乱。实践中，买卖银行承兑汇票的情况比较复杂，对于单纯买卖银行承兑汇票的行为不宜以非法经营罪追究刑事责任。”

按照我国现行法律，只有全国人大或者最高人民法院、最高人民检察院等有权解释机关才能对《刑法》作出解释，公安部、最高检等的内设部门无权作出解释，“批复”、“答复意见”等对内文书不具有普遍约束力，没有《刑法》上的执行效力，在有权部门作出权威解释之前不能作为认定犯罪的依据。更为严重的是，不同部门间对倒卖银行承兑汇票行为的不同意见，导致越来越多的票据中介倒票行为得不到应有的制裁和打击，票据市场秩序得不到有效保障。

四、对倒卖银行承兑汇票行为的政策建议

当前，我国的法律法规尚不健全，社会信用基础薄弱，票据市场有待完善，倒卖银行承兑汇票所引发的一系列问题，更说明了针对银行承兑汇票的监管要疏堵结合，一方面，继续严守“真实贸易背景”的底线，及时完善修订相关立法使之更具操作性，加大对违法行为的打击力度；另一方面，加大对电子商业汇票的推广力度，压缩倒卖银行承兑汇票行为的空间。

（一）进一步完善相关法律法规

我国现行的票据法律法规未提及“倒卖银行承兑汇票”，更没有明确界定倒卖银行承兑汇票行为的法律性质，导致倒卖银行承兑汇票行为存在法律盲区。在我国现有票据管理制度体系和市场环境下，建议相关部门尽快对《刑法修正案（七）》作出司法解释，积极研究推动对倒卖银行承兑汇票行为的司法适用，完善刑事责任追究制度，以更有力地打击倒卖银行承兑汇票的行为。同时，建议尽快启动《票据法》的修法程序，将中介机构、企业和个人倒卖银行承兑汇票等严重扰乱市场秩序的行为纳入其中，视情节轻重，给予行政处罚或依法追究刑事责任。

（二）相关部门加大查处力度

第一，票据管理部门应高度重视倒卖银行承兑汇票行为带来的危害性，加强监管，依法进行查处、取缔和相应的行政处罚。第二，司法解释一旦明确界定倒卖银行承兑汇票行为构成犯罪，公安机关要积极地以非法经营罪立案侦查，加大打击此类犯罪的力度，以震慑违法犯罪行为。第三，健全部门协作机制。人民银行、公安、税务、工商、司法等部门应在票据业务的审查和违法现象的查处中，加强协作，对中介机构、企业和个人倒卖银行承兑汇票的行为要坚决打击，组织开展打击非法经营承兑汇票贴现业务的专项行动，净化金融市场。

（三）大力推广电子商业汇票业务

2009 年 10 月，中国人民银行建立了电子商业汇票系统，鼓励商业银行、财务公司、企业等通过该系统办理商业汇票业务，但至今交易量仍不大。企业、银行倾向于使用纸质商业汇票更多是因为电子商业汇票比较透明，一般基于真实交易背景，而纸质商业汇票则给民间倒卖银行承兑汇票以空间。为此，要进一步加大对电子商业汇票的推广力度，鼓励一定金额以上的票据通过电子商业汇票系统办理，实现票据背书、贴现等各类交易的有痕记录，以压缩倒卖银行承兑汇票行为的空间。

（中国人民银行福州中心支行支付结算处供稿）

二、银行卡

（一）银行卡发卡

1. 银行卡发卡量持续平稳增长

截至第二季度末，全国累计发行银行卡 453 966.97 万张，同比增长 18.43%，增速较上年同期放缓 0.43 个百分点，环比增长 3.40%。其中，借记卡累计发卡 411 775.46 万张，同比增长 18.68%，环比增长 3.54%；信用卡累计发卡量 42 191.51 万张，同比增长 16.02%，环比增长 2.02%。

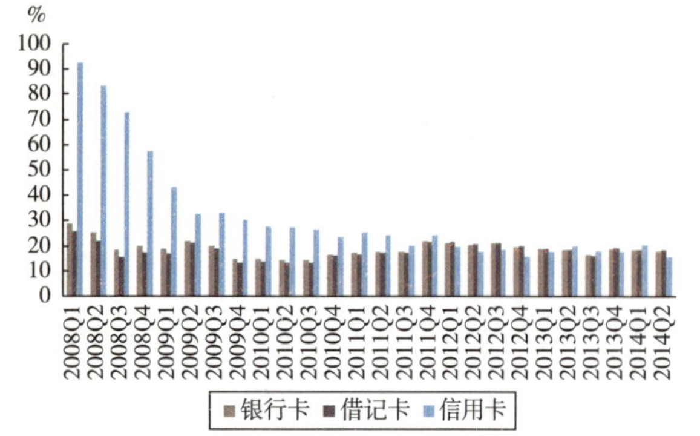

图4　2008年第一季度以来银行卡同比增幅变动示意图

2. 信用卡发卡量在银行卡发卡量中的比例略有下降

截至第二季度末，借记卡与信用卡发卡量的比例为9.76∶1，信用卡发卡量在银行卡总量中的占比为9.29%，较上年同期下降0.20个百分点。

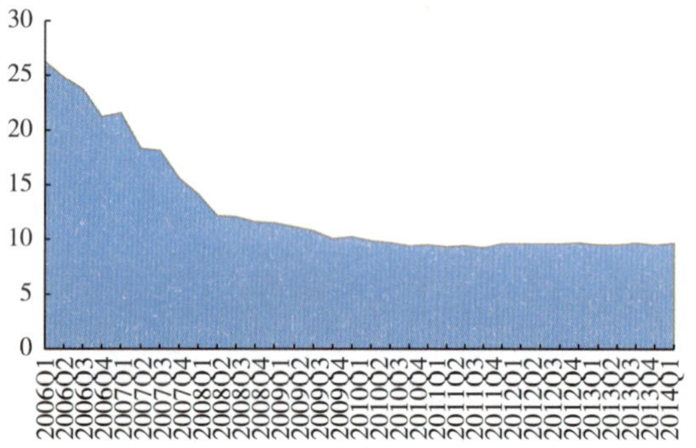

图5　借记卡与信用卡发卡比例变动趋势示意图

截至第二季度末，信用卡发卡量同比增加16.02%。从行别看，外资银行和农村信用社信用卡发卡量增速较快；国有商业银行的借记卡、信用卡占比同比略有增加；城市商业银行、农村商业银行、农村信用社、外资银行和中国邮政储蓄银行的信用卡发卡量占比均有所增加。

表2　2014年第二季度银行卡发卡量增速、占比（按行别）

单位：%

行　别	同比增速		发卡量占比			
			2014年第二季度末		2013年第二季度末	
	借记卡	信用卡	借记卡	信用卡	借记卡	信用卡
国有商业银行	19.48	17.86	51.03	57.19	50.69	56.29
股份制商业银行	13.76	11.79	11.31	38.39	11.80	39.84
城市商业银行	22.36	21.06	5.65	2.11	5.48	2.03
农村商业银行	35.81	42.70	6.71	0.72	5.86	0.59
农村信用社	24.79	122.87	8.39	0.14	7.98	0.07
外资银行	21.22	237.17	0.05	0.15	0.05	0.05
中国邮政储蓄银行	10.33	34.05	16.86	1.30	18.14	1.13
合计	18.68	16.02				

3. 经济发达地区银行卡发卡市场活跃

截至第二季度末，全国银行卡人均持卡量为3.35张，其中，银行卡人均持卡量超出全国平均水平的省（直辖市）排名和第一季度基本一致，依次为北京、天津、上海、广东（含深圳）、浙江、福建、江苏、重庆、辽宁，分别为8.50张、7.29张、6.35张、5.53张、5.30张、4.45张、4.43张、4.03张和3.41张。

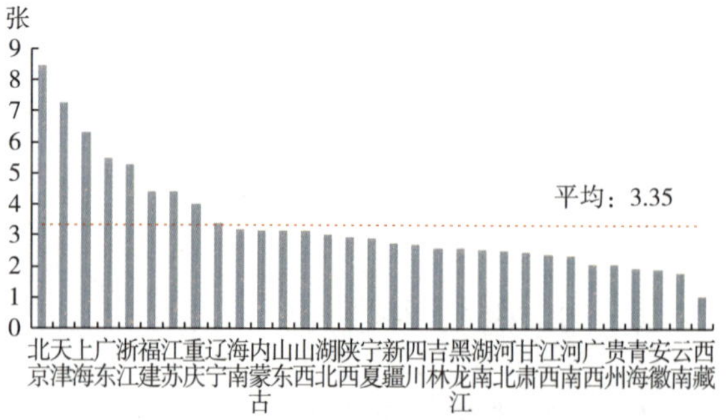

图6　各省（自治区、直辖市）银行卡人均持卡量示意图

全国信用卡人均持卡量为0.31张，与第一季度相比增长0.01张。和第一季度一样，仅北京和上海的人均持卡量超过1张，分别为1.66张和1.33张，环比均略有下降。

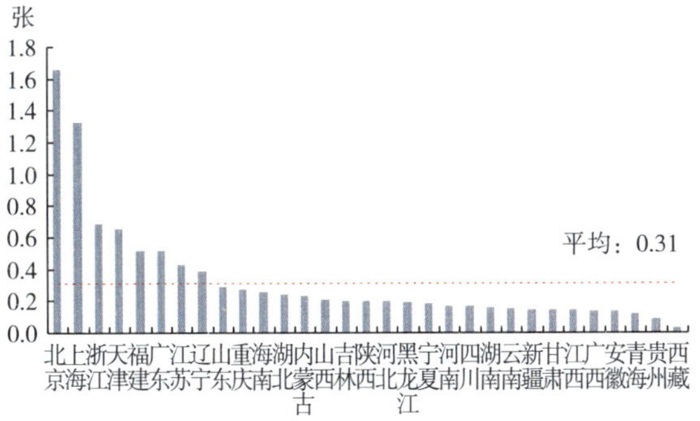

图7　各省（自治区、直辖市）信用卡人均持卡量示意图

（二）银行卡受理

1. POS机具数量增长较快

截至第二季度末，加入银联网络的成员机构755家，较第一季度末增加108家。其中，境内成员机构664家，境外成员机构91家。

截至第二季度末，银行卡跨行支付系统联网商户993.03万户，联网POS机具1 358.12万台，ATM 56.07万台，较第一季度末分别增加116.02万户、157.20万台和1.79万台，环比分别增长13.23%、13.09%和3.30%。

2. 银行卡受理环境持续改善

截至第二季度末，全国每台ATM对应的银行卡数量为8 096张，同比减少1.66%；每台POS机具对应的银行卡数量为334张，同比减少27.49%。全国每万人对应的ATM数量持续增长，截至第二季度末，全国平均每万人对应ATM数量为4.13台，同比增长20.41%。其中名列前五位的依次为北京、浙江、上海、福建和广东（含深圳），每万人对应的ATM数量分别为11.31台、8.32台、8.23台、5.95台和5.80台。

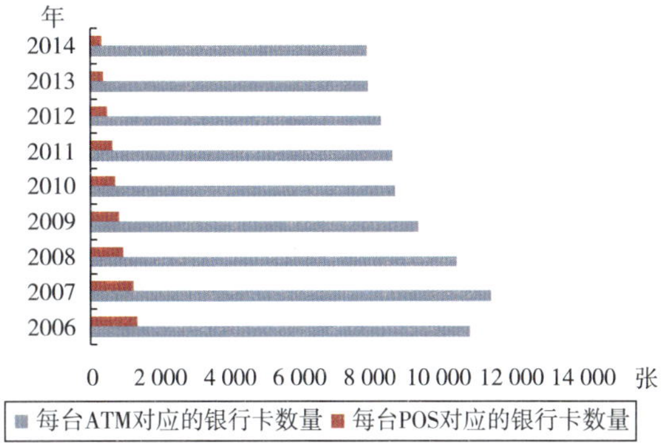

图8　每台POS、ATM对应的银行卡数量趋势示意图

（三）银行卡交易

1. 银行卡交易金额同比增长

第二季度，全国共发生银行卡交易1 429 090.89万笔，同比增长23.49%，增速较上年同期加快1.29个百分点；金额1 095 772.36亿元，同比增长6.14%，增速较上年同期放缓18.82个百分点。银行卡日均业务15 704.30万笔，金额12 041.45亿元，同比分别增长23.49%和6.14%，笔数环比增长9.95%，金额环比下降1.94%。

表 3　银行卡业务量统计

单位：万笔、亿元、%、个百分点

业务类型	笔数	金额	笔数		金额	
			同比增速	增速变动	同比增速	增速变动
存现	217 047.54	173 317.97	12.13	-3.76	8.75	-5.58
取现	487 928.94	181 495.96	8.69	-3.35	6.83	-9.09
消费	471 739.33	100 393.35	54.37	8.19	35.26	-18.64
转账	252 375.08	640 565.08	20.63	-2.19	1.86	-25.97

第二季度，银行卡存现、取现业务合计笔数、金额分别占银行卡业务总量的49.33%和32.38%，笔数占比较上年同期回落6.19个百分点，金额占比较上年同期上升0.48个百分点。银行卡转账业务笔数、金额分别占银行卡业务总量的17.66%和58.46%，占比较上年同期分别回落0.42个百分点和2.45个百分点。银行卡消费业务笔数、金额分别占银行卡业务总量的33.01%和9.16%，占比分别上升6.60个百分点和1.97个百分点。

2. 银行卡渗透率基本持平

第二季度，银行卡消费业务471 739.33万笔，金额100 393.35亿元，同比分别增长54.37%和35.26%；全国社会消费品零售总额62 118.00亿元，同比增长12.30%；银行卡渗透率达到47.69%，与上季度基本持平。

全国银行卡卡均消费金额为2 211.47元，同比增长14.21%，环比增长1.75%；银行卡笔均消费金额2 128.15元，同比下降12.38%，环比下降15.90%；全国人均银行卡消费金额7 398.46元，同比增长35.26%，环比增长5.20%。

人均银行卡消费金额高于全国平均水平的仍然是北京、上海、福建、浙江、广东（含深圳）、天津、江苏、河南等八省（直辖市），分别达到27 100.00元、22 979.89元、16 459.96元、14 980.98元、12 744.69元、10 821.18元、9 690.47元和8 674.49元。

3. 银行卡跨行消费业务持续增长

第二季度，银行卡跨行消费业务200 698.59万笔，金额69 811.70亿元，分别占银行卡消费业务量的42.54%和69.54%，同比分别增长22.68%和25.13%，笔数增速较上年同期加快0.33个百分点，金额增速较上年同期放缓19.59个百分点。

境内受理银行卡跨行消费业务中，民生类业务笔数占比居首，占总笔数的47.10%，占比较上年同期上升2.31个百分点；一般类业务金额占比居首，占总金额的60.40%，占比较上年同期上升2.48个百分点。

表 4　境内受理银行卡跨行消费业务量统计

单位：%

类别	2014年第二季度		2013年第二季度	
	笔数占比	金额占比	笔数占比	金额占比
餐娱类	9.36	22.05	10.61	24.95
一般类	33.28	60.40	35.22	57.91
民生类	47.10	13.33	44.79	12.41
公益类	10.26	4.22	9.38	4.73

境外受理银行卡跨行消费业务中，一般类业务笔数占总笔数的79.59%，占比较上年同期上升4.53个百分点；餐娱类业务金额占总金额的52.58%，占比较上年同期下降6.61个百分点。

表5 境外受理银行卡跨行消费业务量统计

单位：%

类别	2014年第二季度		2013年第二季度	
	笔数占比	金额占比	笔数占比	金额占比
餐娱类	14.75	52.58	18.92	59.20
一般类	79.59	45.00	75.06	38.22
民生类	5.56	2.14	5.94	2.39
公益类	0.10	0.28	0.08	0.19

（四）银行卡信贷

1. 信用卡卡均授信额度持续增加

截至第二季度末，信用卡授信总额50 908.94亿元，同比增长28.01%，较第一季度末增加2 916.75亿元，环比增长6.08%。从行别看，外资银行、农村信用社、农村商业银行、城市商业银行、股份制商业银行、中国邮政储蓄银行信用卡授信额度同比大幅增长；从行别占比看，国有商业银行信用卡授信额度占比持续下降，为50.55%，占比同比下降2.19个百分点。股份制商业银行信用卡授信额度占比为41.37%，占比同比上升1.41个百分点。

截至第二季度末，全国信用卡卡均授信额度达1.21万元。从地区看，全国共有18个省（直辖市）信用卡卡均授信额度超过全国平均水平，其中，青海、内蒙古、浙江、福建和重庆的信用卡卡均授信额度居前五位，分别为1.89万元、1.54万元、1.54万元、1.53万元和1.46万元。

表6 2014年第二季度银行卡授信总额变化

单位：亿元、%、个百分点

行别	授信额度	同比增幅	占比	占比增幅
国有商业银行	25 736.46	22.71	50.55	-2.19
股份制商业银行	21 063.26	32.54	41.37	1.41
城市商业银行	2 355.81	35.93	4.63	0.27
农村商业银行	664.71	55.62	1.31	0.23
农村信用社	119.54	105.84	0.23	0.09
外资银行	130.70	215.81	0.26	0.15
中国邮政储蓄银行	838.46	30.44	1.65	0.03
合计	50 908.94	28.01	100	

2. 信用卡授信使用率持续上升

截至第二季度末，信用卡期末应偿信贷总额20 449.56亿元，同比增长33.58%；较第一季度末增加1 604.78亿元，环比增长8.52%，自2008年以来，通过信用卡发放的信贷资金额度逐步上升。从地区看，广东（含深圳）、浙江、福建、江苏、山东和上海的信用卡期末应偿信贷总额突破1 000亿元，其中，广东和浙江的信用卡期末应偿信贷总额均突破2 000亿元，分别为2 953.23亿元和2 398.25亿元。

第二季度，信用卡授信使用率[①]为40.17%，同比上升1.67个百分点。在各类银行业金融机构中，授信使用率较高的五类机构依次为股份制商业银行、国有商业银行、农村信用社、农村商业银行和城市商业银行，授信使用率分别为42.27%、

① 期末信用卡应偿信贷总额除以期末信用卡信贷总额。

40.61%、35.72%、33.58%和33.48%；农村商业银行信用卡授信使用率增长较快，较上年同期增长5.15个百分点。

从地区看，全国有13个省（直辖市）的信用卡授信使用率高于全国平均水平。其中，广东（含深圳）、福建、重庆、江西、河南的信用卡授信使用率较高，分别为50.66%、50.22%、50.00%、47.34%和46.25%。

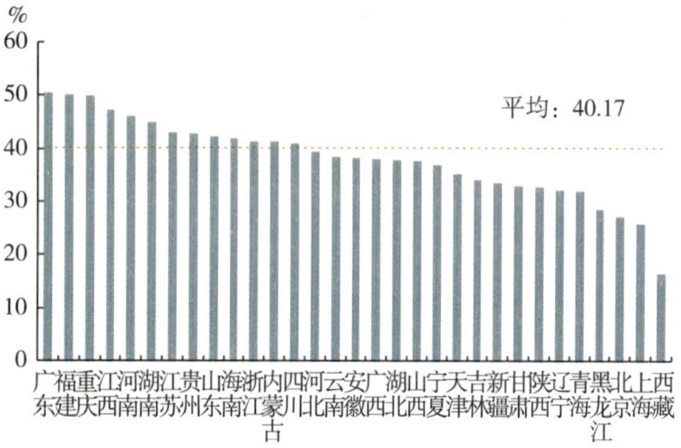

图9　全国各地区信用卡授信使用率情况示意图

3. 信用卡违约风险有所增加

截至第二季度末，信用卡逾期半年未偿信贷总额321.24亿元，较第一季度末增加39.29亿元，增长13.94%；信用卡逾期半年未偿信贷总额占期末应偿信贷总额的1.57%，占比较第一季度末上升0.07个百分点。

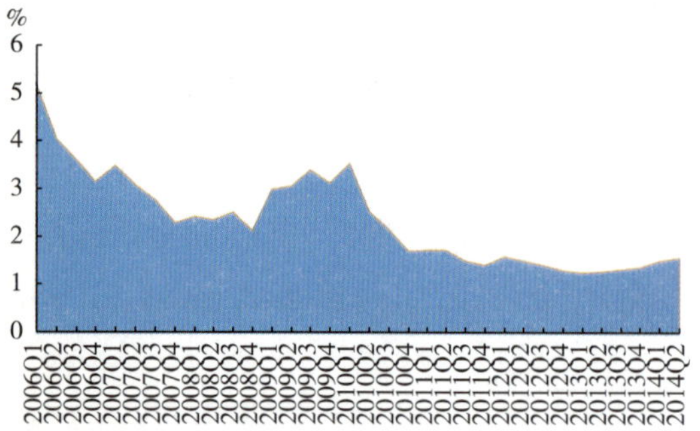

图10　信用卡逾期半年未偿信贷总额占比变动趋势

第二季度末，国有商业银行信用卡逾期半年未偿信贷总额占期末应偿信贷总额的1.04%，较第一季度末上升0.02个百分点；股份制商业银行、城市商业银行信用卡逾期半年未偿信贷总额分别占期末应偿信贷总额的2.17%和1.63%，较第一季度末分别上升0.08个百分点和0.06个百分点。

（五）银行卡存款

截至第二季度末，全国银行卡存款余额182 913.09亿元，同比增长16.41%，占人民币各项存款余额的16.10%。各类银行业金融机构中，国有商业银行银行卡存款余额为101 114.81万元，占银行卡存款余额总额的55.28%。

截至第二季度末，全国银行卡卡均存款余额为0.40万元，较上年同期下降0.01万元。从行别看，外资银行、股份制商业银行、国有商业银行和城市商业银行的卡均存款余额较多，分别为1.04万元、0.55万元、0.43万元和0.42万元；从地区看，卡均余额较高的五个地区依次是西藏、上海、青海、北京、深圳，分别为0.79万元、0.61万元、0.60万元、0.58万元和0.54万元。

（六）银行卡助农业务

第二季度末，全国农村地区共设置银行卡助农取款服务点近90万个。第二季度，取款笔数和金额分别达3 700万笔，

111亿元。分地区来看，服务点数量排名前五位的是山东、四川、河南、湖南和河北，分别为17.37万个、10.04万个、7.9万个、6.9万个和6.5万个。

第二季度，全国开办农民工银行卡特色服务的涉农金融机构共办理取款业务248.48万笔，金额36.13亿元，同比分别下降16.72%和10.97%。其中，业务笔数排名居前6位的分别是河南、湖南、四川、河北、安徽、贵州，六省共办理农民工银行卡特色服务取款业务笔数154.14万笔，占全国的比重为62.03%；业务金额排名居前六位的分别是河南、湖南、河北、四川、安徽、江西，六省共办理农民工银行卡特色服务取款业务金额23.36亿元，占全国的比重为64.66%。

三、汇兑等其他业务

第二季度，全国共发生汇兑、委托收款以及托收承付结算业务60 192.71万笔，金额2 792 486.36亿元，同比分别增长34.59%和30.02%，笔数增速较上年同期加快7.01个百分点，金额增速较上年同期放缓11.84个百分点。其中，汇兑业务59 398.49万笔，金额2 750 666.39亿元，同比分别增长35.28%和30.52%，笔数增速较上年同期加快6.91个百分点，金额增速较上年同期放缓11.92个百分点，分别占汇兑、委托收款及托收承付业务量的98.68%和98.50%。

分地区看，浙江、山东、广东、江苏和山西五省汇兑业务笔数居前，分别为10 083.35万笔、7 525.46万笔、4 753.59万笔、3 473.15万笔和3 425.17万笔，合计业务笔数占全国总笔数的49.26%；北京、浙江、上海、广东和江苏五省（直辖市）汇兑业务金额居前，分别为481 848.77亿元、370 785.02亿元、345 680.17亿元、182 625.27亿元和153 028.23亿元，合计业务金额占全国总金额的55.77%。

四、电子支付

（一）电子支付客户数量

截至第二季度末，全国网上支付、电话支付和移动支付单位客户数量分别为1 706.76万户、296.72万户和0.66万户，网上支付、移动支付单位客户数量同比分别增长27.98%和5.54倍，电话支付单位客户数量同比下降6.53%；网上支付、电话支付和移动支付个人客户数量分别为69 614.50万户、39 455.97万户和43 266.54万户，网上支付、移动支付个人客户数量同比分别增长21.00%和40.10%，电话支付个人客户数量同比下降16.08%。

（二）电子支付业务

第二季度，全国银行机构共发生电子支付业务769 574.73万笔，金额

3 271 057.42亿元，同比分别增长23.24%和30.31%，分别占全国非现金支付业务量的51.17%和71.70%。其中，全国共办理网上支付业务668 102.24万笔，金额3 211 429.26亿元，同比分别增长15.45%和29.56%；电话支付业务6 743.35万笔，金额10 450.68亿元，同比分别下降21.93%和3.66%；移动支付业务94 729.14万笔，金额49 177.48亿元，同比分别增长1.55倍和1.37倍。

分地区看，电子支付业务笔数居前的地区依次为浙江、广东、山东、江苏、福建五省，共发生业务329 593.37万笔，占全国总笔数的42.83%；金额居前的地区依次为北京、上海、浙江、广东和深圳五省（直辖市），共发生电子支付业务1 648 833.56亿元，占全国总金额的50.41%。

在电话支付和移动支付业务中，个人客户交易业务量占比均超过99%。从网上支付业务交易特征来看，个人客户支付频率较高，支付笔数占网上支付业务总笔数的69.82%；单位客户交易金额较多，交易金额占网上支付业务总金额的71.32%。

从户均业务量看，网上支付客户平均每户发生业务9.37笔，金额45.03万元；电话支付客户平均每户发生业务0.17笔，金额0.26万元；移动支付客户平均每户发生业务2.19笔，金额1.14万元。

第二部分

支付系统

一、支付系统总体运行情况

第二季度，支付系统安全、稳定运行，支付系统业务量平稳增长。人民银行大额支付系统和银行业金融机构行内支付系统的资金交易规模继续占据主导地位。

（一）支付系统支付业务

第二季度，支付系统[①]共处理支付业务729 888.36万笔，金额8 670 197.37亿元，同比分别增长26.45%和18.39%，业务金额是第二季度全国GDP总量的61.56倍。从业务量分布看，处理支付业务笔数居前三位的依次是银行业金融机构行内支付系统、银行卡跨行支付系统和网上支付跨行清算系统，占比分别为46.69%、39.42%和4.92%；处理支付业务金额居前三位的依次是大额实时支付系统、银行业金融机构行内支付系统和同城票据清算系统，占比分别为71.02%、24.95%和1.78%。

国有商业银行业务量占比近半。第二季度，国有商业银行通过支付系统处理业务419 613.11万笔，金额3 378 743.44亿元，分别占支付系统业务总量的57.49%和38.97%，笔数占比同比上升1.50个百分点，金额占比同比下降0.11个百分点；股份制商业银行通过支付系统处理业务177 324.61万笔，金额2 718 693.60亿元，分别占支付系统业务总量的24.29%和31.36%，占比同比分别上升2.43个百分点和1.12个百分点；中国邮政储蓄银行通过支付系统处理业务31 430.85万笔，金额105 779.53亿元，分别占支付系统业务总量的4.31%和1.22%，笔数占比同比下降1.97个百分点，金额占比同比上升0.19个百分点；城市商业银行、农村信用社等其他机构[②]通过支付系统处理业务101 519.79万笔，金额2 466 980.81亿元，分别占支付系统业务总量的13.91%和28.45%，占比同比分别下降1.96个百分点和1.20个百分点。

农村信用社处理支付业务量占比较高。第二季度，农村金融机构[③]共处理支付业务60 513.63万笔，金额507 528.76亿元。其中，农村商业银行和农村合作银行共处理支付业务21 226.46万笔，金额252 274.62亿元，分别占农村金融机构业务总量的35.08%和49.71%；农村信用社处理支付业务39 287.17万笔，金额255 254.15亿元，分别占农村金融机构业务总量的64.92%和50.29%。

---

① 包括大额实时支付系统、小额批量支付系统、同城票据清算系统、境内外币支付系统、网上支付跨行清算系统、全国支票影像交换系统、银行业金融机构行内支付系统、银行卡跨行支付系统、城市商业银行汇票处理系统和支付清算系统、农信银支付清算系统。

② 含城市商业银行、农村商业银行、农村合作银行、农村信用社、外资银行、政策性银行、其他，下同。

③ 包括农村商业银行、农村合作银行、农村信用社。

表7 2014年第二季度支付系统业务量统计

单位：万笔、亿元、%

系统名称	笔数	金额	笔数占比	金额占比
大额实时支付系统	17 234.78	6 157 364.67	2.36	71.02
小额批量支付系统	33 575.79	52 180.96	4.60	0.60
网上支付跨行清算系统	35 901.82	40 033.82	4.92	0.46
同城票据清算系统	9 389.78	154 070.38	1.29	1.78
境内外币支付系统	49.28	13 006.89	0.01	0.15
全国支票影像交换系统	263.27	1282.44	0.04	0.01
银行业金融机构行内支付系统	340 809.62	2 163 213.57	46.69	24.95
银行卡跨行支付系统	287 729.20	8 1478.03	39.42	0.94
城市商业银行汇票处理系统和支付清算系统	32.35	739.96	0.00	0.01
农信银支付清算系统	4 902.47	6 826.65	0.67	0.08

支付系统①业务量主要集中在东部地区。从支付系统业务量地区分布情况来看，第二季度，东部地区业务笔数和金额分别为278 297.84万笔和6 673 208.42亿元，占比分别为68.51%和78.18%；中部地区业务笔数和金额分别为51 829.24万笔和645 714.71亿元，占比分别为12.76%和7.56%；西部地区业务笔数和金额分别为53 738.88万笔和807 330.84亿元，占比分别为13.23%和9.46%；东北地区业务笔数和金额分别为22 342.10万笔和409 424.68亿元，占比分别为5.50%和4.80%。

（二）支付系统资金流动

从支付系统资金往来情况②看，第二季度，全国各省（自治区、直辖市）省际间资金流动量占本省（自治区、直辖市）资金流动总量的比例由上季度的51.87%上升至54.50%。19个省（自治区、直辖市）的省际间资金流动量超过本省（自治区、直辖市）资金流动总量的50%。省际间资金流动量占比排前五位的依次是西藏、甘肃、福建、天津和广东（含深圳），上述地区61.39%以上的资金在省际间流动。省际间资金流动量占比较低的五省依次是贵州、山东、山西、河南和河北，分别为38.85%、41.92%、42.46%、42.79%和44.66%。

全国处理资金量居前三位的省（直辖市）依然是北京、上海和广东（含深圳）。三省（直辖市）资金流动总量分别占全国资金流动总量的30.51%、13.92%和12.63%。从资金流动总量变动情况看，北京和广东（含深圳）的资金流动总量占比较上年同期分别上升1.86个百分点和1.37个百分点，上海资金流动总量占比较上年同期下降1.00个百分点。

从省（自治区、直辖市）际间资金流动来看，资金净流入量居全国前五位的省（直辖市）依次是北京、福建、天津、山东和河北，分别为117 176.89亿元、

① 包括大额实时支付系统、小额批量支付系统、同城票据清算系统、全国支票影像交换系统、银行业金融机构行内支付系统、城市商业银行汇票处理系统和支付清算系统、农信银支付清算系统。

② 包括大额实时支付系统、小额批量支付系统、银行业金融机构行内支付系统处理的资金交易。

9 345.57 亿元、1 731.89 亿元、1 460.46 亿元和 1 410.13 亿元。资金净流出居全国前五位的省（直辖市）依次为广东（含深圳）、上海、云南、辽宁和新疆，分别为 46 388.95 亿元、34 231.73 亿元、17 172.85 亿元、10 631.09 亿元和 6 865.74 亿元。

二、人民银行支付系统运行情况

人民银行支付系统①共处理支付业务 96 414.72 万笔，金额 6 417 939.18 亿元，同比分别增长 50.17% 和 18.45%，分别占支付系统业务量的 13.21% 和 74.02%；日均处理业务 1 196.60 万笔，金额 103 034.57 亿元。

（一）大额实时支付系统

大额实时支付系统处理业务量继续保持平稳增长。第二季度，大额实时支付系统处理业务 17 234.78 万笔，金额 6 157 364.67 亿元，同比分别增长 23.70% 和 19.01%，分别占支付系统业务量的 2.36% 和 71.02%；日均处理业务 277.98 万笔，金额 99 312.33 亿元②。大额实时支付系统完成债券交易结算业务③资金清算 18.93 万笔，金额 352 947.62 亿元，同比分别增长 54.78% 和 68.14%；完成外汇交易 0.01 万笔，金额 2 464.84 亿元，同比分别减少 60.73% 和 57.40%；完成同业拆借资金 0.40 万笔，金额 15 257.92 亿元，同比分别下降 12.77% 和 35.39%。

从全国各省（自治区、直辖市）分布情况看，业务笔数居前五位的依次是浙江、广东、江苏、山东和上海，业务笔数合计 7 207.28 万笔，占全国大额实时支付系统业务总笔数的 41.82%。业务金额居前五位的依次是北京、上海、深圳、广东、江苏，业务金额合计 3 926 979.00 亿元，占全国大额实时支付系统业务总金额的 63.78%。

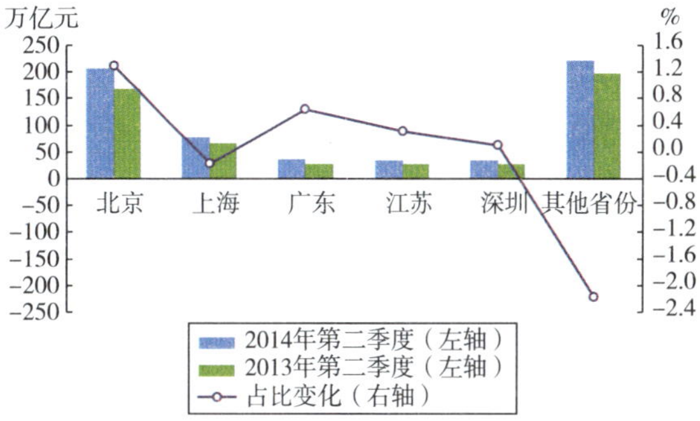

图 11　大额实时支付系统业务金额地区间占比示意图

股份制商业银行业务金额占比持续扩大。第二季度，国有商业银行通过大额实时支付系统处理业务 9 199.64 万笔，金额 2 015 210.39 亿元，分别占大额实时支付系统业务量的 53.38% 和 32.73%，笔数占比同比上升 0.44 个百分点，金额占比同比下降 0.83 个百分点；股份制商业银行通过

---

① 包括大额实时支付系统、小额批量支付系统、网上支付跨行清算系统、同城票据清算系统、境内外币支付系统和全国支票影像交换系统。

② 2014 年第二季度大额实时支付系统实际运行 62 个工作日，此处按实际运行工作日计算。

③ 债券交易结算业务、外汇交易、同业拆借业务数据均来源于中国人民银行支付信息管理系统（PMIS）。

大额实时支付系统处理业务 3 459.86 万笔，金额 2 046 469.49 亿元，分别占大额实时支付系统业务量的 20.07% 和 33.24%，笔数占比同比下降 0.13 个百分点，金额占比同比上升 1.13 个百分点；中国邮政储蓄银行通过大额实时支付系统处理业务 190.60 万笔，金额 72 111.68 亿元，分别占大额实时支付系统业务总量的 1.11% 和 1.17%，笔数占比同比下降 0.03 个百分点，金额占比同比上升 0.22 个百分点；城市商业银行、农村信用社等其他机构通过大额实时支付系统处理业务 4 384.68 万笔，金额 2 023 573.11 亿元，分别占大额实时支付系统业务总量的 25.44% 和 32.86%，笔数和金额占比同比分别下降 0.28 个百分点和 0.52 个百分点。

（二）小额批量支付系统

小额批量支付系统业务量增长较快。第二季度，小额批量支付系统共处理业务 33 575.79 万笔，金额 52 180.96 亿元，同比分别增长 39.01% 和 11.85%，分别占支付系统业务量的 4.60% 和 0.60%；日均处理业务 368.96 万笔，金额 573.42 亿元[①]。

小额批量支付系统处理借记业务 726.68 万笔，金额 14 365.72 亿元，同比分别下降 7.81% 和 26.65%；处理贷记业务 32 849.11 万笔，金额 37 815.24 亿元，同比分别上升 40.82% 和 39.94%。

从全国各省（自治区、直辖市）分布情况看，业务笔数居前五位的依次是上海、广东、浙江、山东和江苏，分别占业务总笔数的 13.41%、10.37%、9.27%、6.65% 和 6.42%，合计占比为 46.13%；业务金额居前五位的依次是浙江、上海、江苏、北京和广东，分别占业务总金额的 20.10%、11.34%、9.46%、9.38% 和 7.75%，合计占比为 58.04%。云南、天津、河南、河北和江西的小额批量支付系统业务笔数同比增长较快，增速依次为 110.38%、98.73%、72.80%、70.39% 和 53.02%，明显高于全国 39.23% 的平均增速。西藏、天津、云南、河南和河北的小额批量支付系统业务金额同比增长较快，增速依次为 857.09%、101.49%、100.12%、79.79% 和 68.32%，明显高于全国平均增速。

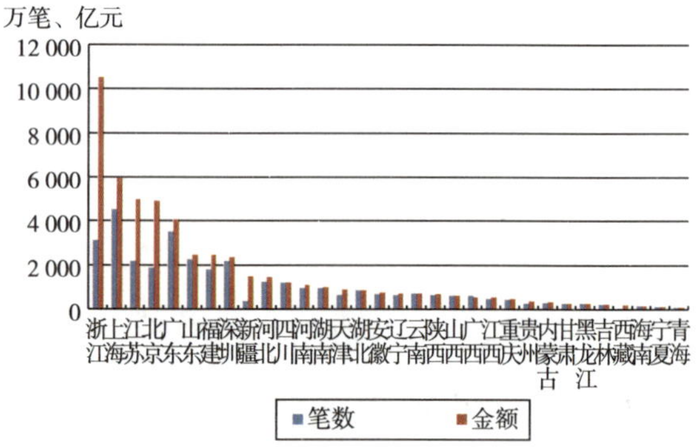

图 12　小额批量支付系统地区业务量示意图

第二季度，东部地区、中部地区、西部地区和东北地区通过小额批量支付系统处理的业务笔数分别为 23 272.49 万笔、

① 2014 年第二季度小额批量支付系统实际运行 91 个工作日，此处按实际运行工作日计算。

4 428. 39 万笔、4 772. 58 万笔和 1 102. 32 万笔，金额分别为 39 970. 29 亿元、4 771. 83 亿元、6 269. 10 亿元和 1 169. 74 亿元。

表 8　2014 年第二季度小额批量支付系统地区间业务量对比

单位：%

地区	笔数同比	金额同比	笔数占比	金额占比
东部地区	37. 97	7. 12	69. 31	76. 60
中部地区	41. 89	39. 04	13. 19	9. 14
西部地区	45. 11	25. 88	14. 21	12. 01
东北地区	31. 67	32. 64	3. 28	2. 24

（三）网上支付跨行清算系统

网上跨行清算系统业务量继续保持大幅增长。截至第二季度末，共有 133 家机构接入网上支付跨行清算系统。第二季度，网上支付跨行清算系统共处理支付业务 35 901. 82 万笔，金额 40 033. 82 亿元，同比分别增长 131. 40% 和 91. 11%，分别占支付系统业务量的 4. 92% 和 0. 46%。网上支付跨行清算系统日均处理支付业务 394. 53 万笔，金额 439. 93 亿元①。

网上支付跨行清算系统贷记业务量占比同比略有上升。网上支付跨行清算系统共处理贷记业务 34 797. 36 万笔，金额 38 548. 49 亿元，分别占网上支付跨行清算系统业务量的 96. 92% 和 96. 29%，占比同比分别上升 4. 92 个百分点和 10. 83 个百分点；网上支付跨行清算系统共处理借记业务 1 104. 46 万笔，金额 1 485. 33 亿元，分别占网上支付跨行清算系统业务量的 3. 08% 和 3. 71%，占比同比分别下降 4. 92 个百分点和 10. 83 个百分点。

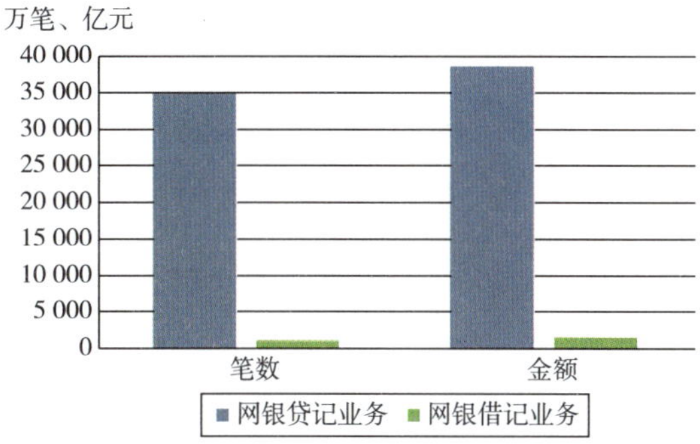

图 13　网上支付跨行清算系统业务量示意图

股份制商业银行业务量占比较大。第二季度，国有商业银行通过网上支付跨行清算系统处理业务 7 039. 82 万笔，金额 7 135. 24 亿元，占比分别为 19. 61% 和 17. 82%；股份制商业银行通过网上支付跨行清算系统处理业务 22 389. 91 万笔，金额 26 121. 73 亿元，占比分别为 62. 36% 和 65. 25%；中国邮政储蓄银行通过网上支付跨行清算系统处理业务 822. 16 万笔，金额 601. 83 亿元，占比分别为 2. 29% 和 1. 50%；城市商业银行、农村信用社等其他机构通过网上支付跨行清算系统处理业务 5 649. 93 万笔，金额 6 175. 02 亿元，占比分别为 15. 74% 和 15. 43%。

（四）同城票据清算系统

同城票据清算系统业务量继续小幅下

① 2014 年第二季度网上支付跨行清算系统实际运行 91 个工作日，此处按实际运行工作日计算。

降。第二季度，同城票据清算系统共处理业务 9 389.78 万笔，金额 154 070.38 亿元，同比分别下降 9.04% 和 6.74%，分别占支付系统业务量的 1.29% 和 1.78%。日均处理业务 151.45 万笔，金额 2 485.01 亿元①。同城票据清算系统处理业务笔数居前五位的依次是浙江、广东、深圳、江苏和北京，合计业务笔数占同城票据清算系统业务总笔数的 77.63%。同城票据清算系统处理业务金额居前五位的依次是江苏、浙江、北京、深圳和广东，合计业务金额占同城票据清算系统业务总金额的 64.23%。

国有商业银行业务量占比小幅下降。第二季度，国有商业银行通过同城票据清算系统办理业务 4 024.64 万笔，金额 66 777.17 亿元，分别占同城票据清算系统业务量的 42.86% 和 43.34%，占比分别同比下降 0.94 个百分点和 1.46 个百分点；股份制商业银行通过同城票据清算系统办理业务 1 199.92 万笔，金额 39 602.80 亿元，分别占同城票据清算系统业务量的 12.78% 和 25.71%，笔数占比同比下降 0.90 个百分点，金额占比同比上升 1.01 个百分点；中国邮政储蓄银行通过同城票据清算系统办理业务 380.10 万笔，金额 1 640.10 亿元，分别占同城票据清算系统业务量的 4.05% 和 1.06%，笔数占比同比上升 0.11 个百分点，金额占比同比下降 0.04 个百分点；城市商业银行、农村商业银行等其他金融机构通过同城票据清算系统办理业务 3 785.11 万笔，金额 46 050.31 亿元，分别占同城票据清算系统业务量的 40.31% 和 29.89%，占比同比分别上升 1.73 个百分点和 0.49 个百分点。

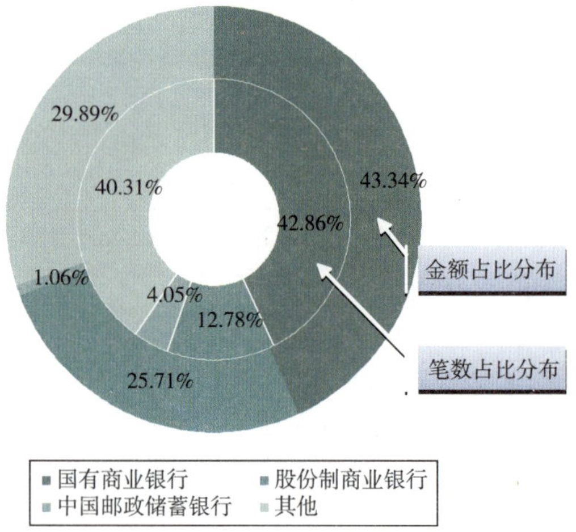

图 14　同城票据清算系统业务量行别分布示意图

（五）境内外币支付系统

境内外币支付系统业务量持续增长。第二季度，境内外币支付系统共处理支付业务 49.28 万笔，金额 2 113.98 亿美元（折合人民币约为 13 006.89 亿元），同比分别增长 47.84% 和 26.22%，分别占支付系统业务量的 0.01% 和 0.15%；日均处理支付业务 7 947.84 笔，金额 34.10 亿美元（折合人民币约为 209.79 亿元）②。

境内外币支付系统中美元业务占主导，欧元业务增长较快。第二季度，境内外币支付系统处理美元支付业务 30.12 万笔，

① 2014 年第二季度同城票据清算系统实际运行 62 个工作日，此处按实际运行工作日计算。

② 2014 年第二季度境内外币支付系统实际运行 62 个工作日，此处按实际运行工作日计算。

金额1 943.90亿美元（折合人民币约为11 960.44亿元），笔数同比下降3.13%，金额同比增长29.08%，占比分别为61.12%和91.95%；处理欧元支付业务18.26万笔，金额149.06亿美元（折合人民币约为917.17亿元），笔数同比增长1 093.73%，金额同比下降4.35%，占比分别为37.06%和7.05%；处理英镑支付业务648笔，金额0.22亿美元（折合人民币约为1.34亿元），笔数同比增长24.86%，金额同比下降84.93%，占比分别为0.13%和0.01%。

表9　境内外币支付系统业务量统计

单位：笔、万元

币种	笔数	金额（折合美元）	金额（折合人民币）	日均笔数	日均金额（美元）	日均金额（人民币）
美元	301 160	19 439 024.41	119 604 429.39	4 857.42	313 532.65	1 929 103.70
港元	1 828	132 180.61	813 280.88	29.48	2 131.94	13 117.43
欧元	182 640	1 490 648.44	9 171 661.69	2 945.81	24 042.72	147 930.03
日元	4 331	66 275.22	407 778.18	69.86	1 068.96	6 577.07
澳大利亚元	1 371	6 568.09	40 412.15	22.11	105.94	651.80
加拿大元	731	2 612.87	16 076.49	11.79	42.14	259.30
英镑	648	2 184.48	13 440.68	10.45	35.23	216.79
瑞士法郎	57	293.12	1 803.48	0.92	4.73	29.09
合计	492 766	21 139 787.24	130 068 882.94	7 947.84	340 964.31	2 097 885.21

国有商业银行通过境内外币支付系统处理的业务金额占比超过五成。第二季度，国有商业银行通过境内外币支付系统处理业务20.91万笔，金额1 242.24亿美元（折合人民币约为7 643.25亿元），占比分别为42.43%和58.76%；股份制商业银行通过境内外币支付系统处理业务24.37万笔，金额663.78亿美元（折合人民币约为4 084.10亿元），占比分别为49.45%和31.40%；城市商业银行、农村信用社等其他机构通过境内外币支付系统处理业务4.00万笔，金额207.96亿美元（折合人民币约为1 279.54亿元），占比分别为8.12%和9.84%。

（六）全国支票影像交换系统

全国支票影像交换系统业务量同比小幅下降。第二季度，全国支票影像交换系统共处理业务263.27万笔，金额1 282.44亿元，同比分别下降6.96%和4.04%，分别占支付系统业务量的0.04%和0.01%；日均处理业务2.89万笔，金额14.09亿元①。

国有商业银行业务量占比较大。国有商业银行通过全国支票影像交换系统办理

① 2014年第二季度全国支票影像交换系统实际运行91个工作日，此处按实际运行工作日计算。

业务151.02万笔，金额719.30亿元，同比分别下降7.73%和4.59%，占比分别为57.36%和56.09%；股份制商业银行通过全国支票影像交换系统办理业务39.49万笔，金额204.63亿元，笔数同比下降1.10%，金额同比增长0.99%，占比分别为15.00%和15.96%；中国邮政储蓄银行通过全国支票影像交换系统办理业务0.61万笔，金额1.96亿元，笔数同比下降16.64%，金额同比增长1.24%，占比分别为0.23%和0.15%；其他银行机构业务笔数和金额分别是72.15万笔和356.55亿元，同比分别下降8.59%和6.17%，占比分别为27.41%和27.80%。

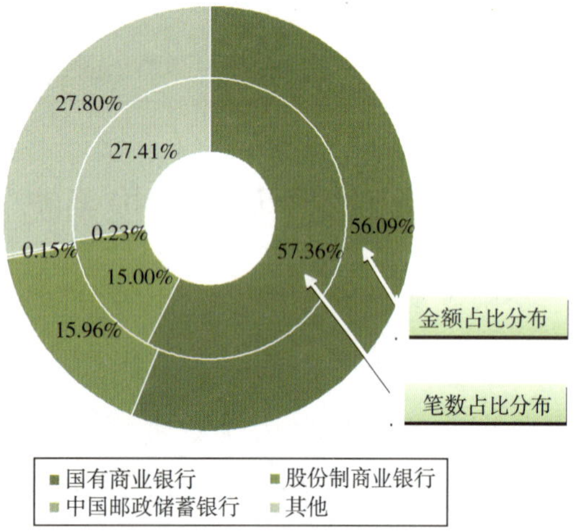

图15　全国支票影像交换系统业务量行别分布示意图

全国支票影像交换系统处理业务量最多的省份依旧是广东（含深圳）。从全国各省（自治区、直辖市）分布情况看，业务笔数居前五位的依次是广东（含深圳）、新疆、河北、浙江和江苏，分别占全国业务笔数的51.53%、27.78%、5.84%、4.10%和3.01%；业务金额居前五位的依次是广东（含深圳）、新疆、河北、浙江和江苏，分别占全国业务金额的49.95%、20.47%、9.47%、5.21%和3.46%。

三、其他机构支付系统运行情况

（一）银行业金融机构行内支付系统

银行业金融机构行内支付系统业务量增长较快。第二季度，银行业金融机构行内支付系统共处理业务340 809.62万笔，金额2 163 213.57亿元，同比分别增长26.36%和18.00%，分别占支付系统业务量的46.69%和24.95%；日均处理业务3 745.16万笔，金额23 771.58亿元[①]。

银行业金融机构行内支付系统以贷记业务为主。第二季度，银行业金融机构行内支付系统处理借记业务98 852.32万笔，金额547 670.50亿元，分别占行内支付系统业务量的29.01%和25.32%；处理贷记业务241 957.30万笔，金额1 615 543.07亿元，分别占行内支付系统业务量的70.99%和74.68%。

东部地区的行内支付系统业务量占比较高。从地区间的业务量分布情况看，第

① 2014年第二季度共计91个自然日，此处按自然日计算。

二季度，东部地区通过银行业金融机构行内支付系统处理业务 234 316.79 万笔，金额 1 643 841.56 亿元；中部地区处理业务 42 650.35 万笔，金额 178 396.97 亿元；西部地区处理业务 44 117.71 万笔，金额 218 105.61 亿元；东北地区处理业务 19 724.77 万笔，金额 122 869.44 亿元。其中，东部地区业务量分别占全国的 68.75% 和 75.99%，占比同比分别上升 9.03 个百分点和 2.12 个百分点。

表 10 银行业金融机构行内支付系统地区业务量占比变动

单位：%

地区	笔数占比	笔数占比增长	金额占比	金额占比增长
东部地区	68.75	9.03	75.99	2.12
中部地区	12.52	-0.94	8.25	-1.15
西部地区	12.94	-7.06	10.08	-1.39
东北地区	5.79	-1.03	5.68	0.43

国有商业银行行内支付系统共处理业务 247 088.67 万笔，金额 1 212 904.31 亿元，同比分别增长 39.12% 和 23.56%；股份制商业银行行内支付系统共处理业务 41 785.16 万笔，金额 569 272.11 亿元，同比分别增长 49.91% 和 21.18%；中国邮政储蓄银行行内支付系统共处理业务 12 744.36 万笔，金额 27 734.90 亿元，笔数同比下降 35.68%，金额同比上升 28.80%；城市商业银行、农村信用社等其他机构行内支付系统共处理业务 39 191.43 万笔，金额 353 302.25 亿元，同比分别下降 11.78% 和 1.95%。

（二）银行卡跨行支付系统

银行卡跨行支付系统业务量继续保持稳定增长。第二季度，银行卡跨行支付系统共处理业务 287 729.20 万笔，金额 81 478.03 亿元，同比分别增长 19.66% 和 24.67%，分别占支付系统业务量的 39.42% 和 0.94%；日均处理业务 3 161.86 万笔，金额 895.36 亿元①。

国有商业银行作为发卡方，发生银行卡跨行业务 132 963.27 万笔，金额 42 529.79 亿元，分别占银行卡跨行支付系统业务量的 46.21% 和 52.19%，占比同比分别下降 2.33 个百分点和 2.58 个百分点；股份制商业银行作为发卡方，发生银行卡跨行业务 100 514.59 万笔，金额 23 212.33 亿元，分别占银行卡跨行支付系统业务量的 34.93% 和 28.49%，占比同比分别上升 2.28 个百分点和 2.11 个百分点；中国邮政储蓄银行作为发卡方，发生银行卡跨行业务 16 998.80 万笔，金额 3 329.17 亿元，分别占银行卡跨行业务量的 5.91% 和 4.09%，占比同比分别下降 0.43 个百分点和 0.25 个百分点；城市商业银行、农村信用社等其他金融机构作为发卡方，发生银行卡跨行业务 37 252.54 万笔，金额 12 406.74 亿元，分别占银行卡跨行业务量的 12.95% 和 15.23%，占比同比分别上升

① 2014 年第二季度共计 91 个自然日，此处按自然日计算。

0.48个百分点和0.72个百分点。

国有商业银行受理他行卡业务125 967.22万笔，金额23 894.38亿元，分别占银行卡跨行业务量的43.78%和29.33%，占比同比分别下降1.75个百分点和5.73个百分点；股份制商业银行受理他行卡业务45 972.33万笔，金额26 406.93亿元，分别占银行卡跨行业务量的15.98%和32.41%，笔数占比同比下降0.46个百分点，金额占比同比上升3.52个百分点；中国邮政储蓄银行受理他行卡业务11 216.79万笔，金额1 576.74亿元，分别占银行卡跨行业务量的3.90%和1.94%，占比同比分别下降0.57个百分点和0.06个百分点；城市商业银行、农村信用社等其他金融机构受理他行卡业务104 572.86万笔，金额29 599.98亿元，分别占银行卡跨行业务量的36.34%和36.32%，占比同比分别上升2.78个百分点和2.28个百分点。

银行卡跨行支付系统处理存现业务226.37万笔，金额511.36亿元，笔数同比下降6.31%，金额同比上升8.66%，占比同比分别减少0.02个百分点和0.09个百分点；处理取现业务84 942.52万笔，金额10 134.03亿元，同比分别增长12.15%和17.43%，占比同比分别减少1.98个百分点和0.77个百分点；处理消费业务200 698.59万笔，金额69 811.70亿元，同比分别增长22.68%和25.13%，占比同比分别增加1.72个百分点和0.32个百分点；处理转账业务1 861.72万笔，金额1 020.94亿元，同比分别增长110.57%和119.90%，占比同比分别增加0.28个百分点和0.54个百分点。

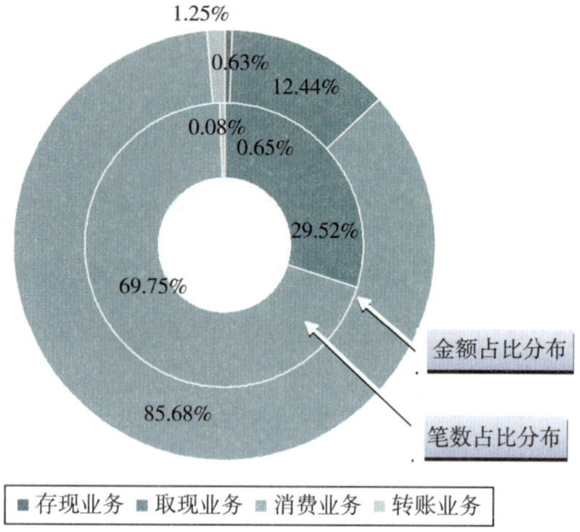

图16 银行卡跨行支付系统业务结构

银行卡跨行交易仍以ATM、POS处理业务为主。其中，ATM处理业务86 431.29万笔，金额10 547.61亿元，占比分别为30.04%和12.95%，占比同比分别减少1.65个百分点和0.07个百分点；POS受理业务200 698.59万笔，金额69 811.70亿元，占比分别为69.75%和85.68%，占比同比分别增加1.72个百分点和0.32个百分点；柜面办理业务372.95万笔，金额607.36亿元，占比分别为0.13%和0.75%，占比同比分别减少0.04个百分点和0.14个百分点。

（三）城市商业银行汇票处理系统和支付清算系统

截至第二季度末，城市商业银行汇票处理系统和支付清算系统参与者共195家。

第二季度，城市商业银行汇票处理系统和支付清算系统共处理业务32.35万笔，金额739.96亿元，在支付系统业务量中的占比较小，同比分别增长107.73%和25.29%；日均处理业务0.36万笔，金额8.13亿元[①]。

第二季度，城市商业银行汇票处理系统共签发银行汇票0.61万笔，金额57.23亿元，笔数同比减少9.47%，金额同比增长0.35%；兑付银行汇票0.30万笔，金额48.63亿元，笔数同比减少23.52%，金额同比增长6.47%。城市商业银行资金清算中心支付清算系统处理汇兑业务26.30万笔，金额440.09亿元，同比分别增长171.24%和51.93%；处理通存通兑业务5.44万笔，金额242.64亿元，笔数同比增长4.48%，金额同比减少0.52%。

城市商业银行汇票处理系统和支付清算系统业务量主要集中于东部地区。第二季度，东部地区通过城市商业银行汇票处理系统和支付清算系统办理业务30.92万笔，金额639.35亿元，分别占业务总量的95.58%和86.40%。

表11 城市商业银行汇票处理系统和支付清算系统业务量地区分布

单位：万笔、亿元

		东部地区		中部地区		西部地区		东北地区	
		笔数	金额	笔数	金额	笔数	金额	笔数	金额
银行汇票	签发	0.37	22.25	0.11	19.19	0.02	0.92	0.11	14.87
	兑付	0.17	22.75	0.05	15.40	0.01	0.65	0.07	9.83
汇兑		25.63	376.16	0.21	7.67	0.36	30.25	0.10	26.01
通存通兑		4.92	240.94	0.39	1.01	0.03	0.22	0.10	0.47

数据来源：城市商业银行资金清算中心。

从各省（自治区、直辖市）分布看，第二季度，城市商业银行汇票处理系统签发银行汇票笔数居前五位的依次是江苏、山东、安徽、辽宁和吉林，分别占签发总笔数的23.70%、15.55%、11.97%、8.91%和7.42%；签发银行汇票金额居前五位的依次是辽宁、安徽、江苏、河北和黑龙江，分别占签发总金额的15.25%、14.11%、12.48%、10.91%和9.71%；兑付银行汇票笔数居前五位的依次是江苏、山东、安徽、吉林和辽宁，分别占兑付总笔数的23.12%、12.17%、12.07%、11.97%和10.31%；兑付银行汇票金额居前五位的依次是安徽、辽宁、河北、江苏和山东，分别占兑付总金额的16.71%、13.20%、12.72%、9.97%和8.62%。

（四）农信银支付清算系统

截至第二季度末，农信银支付清算系统参与者共41 846家，其中，农村商业银行8 169家，农村合作银行3 599家，农村信用社29 811家，村镇银行267家。第二季度，农信银支付清算系统共处理业务4 902.47万笔，金额6 826.65亿元，分别占支付系统业务量的0.67%和0.08%，同比分别增长74.42%和17.95%；日均处理业务53.87万笔，金额75.02亿元[②]。

① 2014年第二季度共计91个自然日，此处按自然日计算。

② 2014年第二季度共计91个自然日，此处按自然日计算。

第二季度，农信银支付清算系统签发银行汇票0.63万笔，金额14.48亿元，同比分别减少3.76%和28.3%；兑付银行汇票0.21万笔，金额9.16亿元，同比分别减少28.17%和30.32%；处理通存通兑业务1 882.54万笔，金额3 321.07亿元，同比分别增长4.90%和5.30%；处理电子汇兑业务80.79万笔，金额510.75亿元，同比分别增长42.08%和31.84%；处理其他业务2 938.51万笔，金额2 980.35亿元，同比分别增长206.53%和34.67%。

东部地区业务量占比较大。第二季度，东部地区通过农信银支付清算系统办理业务1 640.51万笔，金额3 136.53亿元，分别占业务总量的33.46%和45.95%；中部地区通过农信银支付清算系统办理业务1 473.76万笔，金额2 213.46亿元，分别占业务总量的30.06%和32.42%；西部地区通过农信银支付清算系统办理业务1 560.77万笔，金额1 263.15亿元，分别占业务总量的31.84%和18.50%；东北地区通过农信银支付清算系统办理业务227.43万笔，金额213.51亿元，分别占业务总量的4.64%和3.13%。

表12 农信银支付清算系统业务量地区分布

单位：万笔、亿元

		东部地区		中部地区		西部地区		东北地区	
		笔数	金额	笔数	金额	笔数	金额	笔数	金额
银行汇票	签发	0.62	13.40	0.01	0.86	0.00	0.20	0.00	0.02
	兑付	0.20	8.32	0.01	0.74	0.00	0.08	0.00	0.02
通存通兑		1 017.28	1 397.15	303.62	748.74	484.30	991.44	77.34	183.74
电子汇兑		71.11	430.56	7.02	50.21	2.36	23.67	0.30	6.31
其　他		551.50	1 295.42	1 163.11	1 413.65	1 074.11	247.84	149.79	23.44

注：0.00代表有数据且大于0。

数据来源：农信银资金清算中心。

专栏2　数据挖掘技术在支付领域的应用初探

现代支付体系具有高度链接的特征，采用数据挖掘技术对大规模原始数据对象及其关系进行分析和挖掘，发现蕴含在其中的、反映支付体系联系规律和知识的信息，加深对支付体系的认识，对合理布局支付服务基础设施、预测和评估支付风险，健全支付监管体系等方面都有着重大的意义。

一、数据挖掘的功能及其在支付领域应用的可行性分析

数据挖掘是现代科学技术相互渗透与融合的产物，融合了数理统计、人工智能、可视化技术、数据库技术和计算机技术等领域的理论技术。其最终目标是发现有价值的知识，包括概念、规则、模式和模型等，为管理、决策和科学研究提供有力的参考和依据。

（一）数据挖掘的功能

当前，数据挖掘的主要功能有：一是数据总结，通过数据浓缩，将其抽象总结到较高的总体层次上，实现对数据的总体把握。二是分类，其目的是对数据间的属性进行分析，对数据进行归类，构造分类函数或分类模型，根据分类模型，对其他未分类的或新的数据进行预测。三是聚类，将数据分成多个类或簇，使在同一个簇中的对象之间尽可能相似，不同簇之间的对象差别尽可能大，常用于客户细分。四是关联分析，利用关联规则和序列模式寻找数据库中值的相关性。五是偏差检测（也称孤立点分析），对异常数据进行挖掘，通过对分析对象的少数的、极端的特例的描述，揭示内在原因。六是演变分析（预测），利用时间序列数据分析、序列或周期模式匹配和基于类似性的数据分析，把握分析对象发展的规律，对未来的趋势作出判断。

（二）数据挖掘技术在支付领域应用的可行性分析

支付行业进入了“数据大集中”时代，数据仓库技术的广泛应用为数据挖掘的深度普及奠定基础。特别是，人民银行支付信息统计分析系统工程的实施，彻底解决了支付体系中“信息孤岛”现象，完成手工处理向系统自动采集分析的跨越：一是数据指标更加全面、科学。共涉及描述性、评价性、预警性指标533个。二是数据采集更加准确、完整。通过系统接入、表单导入等方式采集数据，保证了数据的完整性、真实性。三是信息发布更加及时、直观。实现了支付数据的系统采集、自动审核、集中存储、统一管理、统一维护、共享使用。而综观中国银行业，从最初的业务处理电子化，到后来各银行内部网络和垂直业务体系的建成，直至数据大集中工程的实施，集中了包括核心业务系统、网上银行等几十个系统的各类数据，基本实现账户、客户和交易数据的集中统一存放和管理，信息技术应用从业务操作层提升到管理决策层，内部管理和流程的优化对数据挖掘提出了更高需求。

二、数据挖掘技术在支付领域应用的现状及数据分析流程

大数据时代对世界产生的深刻变化：一是数据挖掘更全面，而不只是样本。二是必须面对大量芜杂而非精确的数据。三是使用数据的目的性会变得逐渐模糊。因此，在支付数据海量集中的年代，对数据的整合、挖掘势在必行。同时，社会处理信息的方式已经开始转型。我们了解世界或是做一项决定时，可能不再是“意见”，而只是“概率”。

支付系统数据挖掘是一个多次处理及多次循环反复的过程，以下为支付系统数据挖掘的过程。

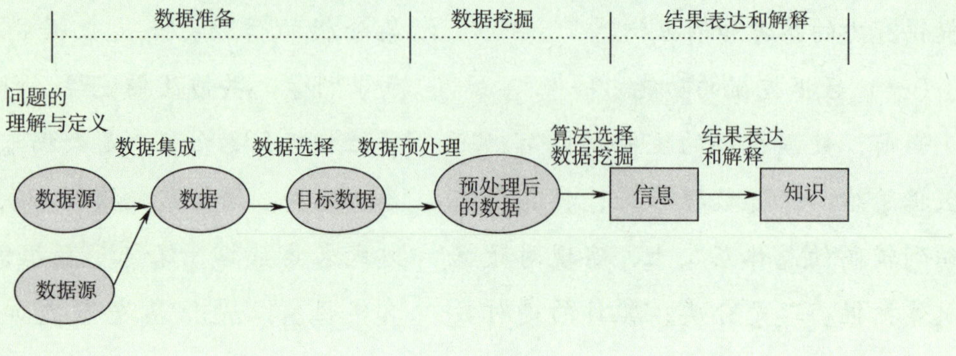

专栏图1　数据挖掘过程图示

第一阶段：数据准备阶段，主要包括：(1) 问题的理解与定义。对问题进行深入分析，以确定可能解决的途径和对学习结果找到一个评价方法。(2) 数据集成。根据问题的定义，收集和提取数据。(3) 数据选择。对已提取出来的数据进行合法性检查，并清理含有错误的数据。(4) 数据预处理。选择具有代表性的数据来进行处理，对数据的表达式进行适当的转换以适应学习算法的需求。

第二阶段：数据挖掘阶段，主要包括：(1) 算法选择。根据数据特点和所要解决的问题选择合适的算法进行数据挖掘与知识发现，确定如何在这些数据上使用这些算法。(2) 运行数据挖掘算法。根据选定的数据挖掘与知识发现算法对经过处理后的数据进行模式提取。

第三阶段：结果表达和解释阶段，即经数据挖掘与知识发现后，对学习的结果进行评价。

三、数据挖掘技术在支付领域的应用案例

通过数据挖掘发现知识，并用于科学决策越来越普遍受到支付行业的重视，并成为当前的新课题。

(一) 人民银行

1. 在支付业务非现场监管中的应用

在支付业务电子化、虚拟化、数据海量化的今天，支付业务的非现场监管依赖传统的检查经验和电子数据的显著特征来发现线索变得越来越困难。应用数据挖掘技术，可以从数据中挖掘出靠直觉或经验不能发现的信息，提高检查效率、降低检查风险、发现隐蔽问题。以人民币结算账户的非现场监管为例，运用一系列关联分析、聚类分析、孤立点分析等数据挖掘技术。一是可以通过账户系统和行内系统数据比对发现系统外未经批准开立账户以及未备案账户等问题。二是可以通过关联分析利用账户类型、账户名称、性质等项目之间可能存在的某种对应关系，查找挖掘“不合逻辑”的信息，比如，某些预算类账户开立一般账户的问题等。三是可以通过聚类分析，描述各类特征，找到违反规律的类，比如，将同一账户名称的账户划为一类，从而查找“多头开户”的线索。四是通过孤立点分析来发现数据源中显著不同于其他数据的对象，如检查账户超期备案问题。

2. 在金融支付支持经济建设中的应用

对宏观经济决策的重要意义：一是通过对支付业务资金总量增减情况的数据挖掘，利用 SPSS 进行多元回归分析，对其与 GDP、CPI、PPI、货币供应量等宏观经济指标之间关系进行实证分析，有利于准确及时分析判断一定时期内经济发展的总体情况。二是通过支付业务量的变化情况实时监测不同经济主体、不同地区、不同行业经济交易活跃的状态，对其进行全面、系统的定量检查、检测和预警，发挥监督功能，便于各级各部门及时采取措施解决运行中出现的问题和偏差。三是通过支付业务资金流量流向的情况，可以反映经济政策在不同地区、不同行业实施效果和区域性发展的特点，建立实体经济资金流、重点行业资金流、重点地区资金流等多项指标、指数，对宏观经济决策发挥参谋和助手作用。四是对特定支付业务指标进行分析，建立时间或对象随时间演变的规律或者趋势的模型，跟踪研究支付指标与经济运行走势及风险之间的关系，可以预测客观、真实的经济金融运行趋势，揭示潜在的风险。

（二）商业银行

商业银行通过构建数据仓库对客户的信息作深度挖掘，解决金融欺诈和风险管理、客户保留和个性化营销等方面的问题。

1. 应用于预防支付领域犯罪、欺诈发现等方面

通过建立预测模型、聚类分析等方法，区分不同的客户群体及其特性，根据年龄、性别、欠费金额、消费金额、消费习惯等建立分析预测模型，识别包括恶意透支、欺诈、盗卡、伪造信用卡、盗取账户密码、套现以及洗黑钱等异常行为。

2. 应用于制定市场竞争策略和客服战略

建立以客户为中心的客户视图，梳理各类支付产品的发展情况、客户群体变化情况、客户的交易特征，分析更适

合客户的金融产品和服务，达到以服务增加客户黏性的营销目标；通过对客户分类、客户保留、客户行为分析、客户盈利能力分析等降低成本开支，提供更多个性化的优质产品和服务，从而获得双重效益。

3. 应用于信用风险控制

数据挖掘为银行信用风险，尤其是个人信用风险控制提供一个客观准确的评估和控制机制。由数据挖掘技术建立的模型能根据客户的背景、信用记录、坏账催收成本、回收概率进行分析计算，建立有效的事前、事中到事后的信用风险控制体系。以“信用卡授卡风险评估模型”为例，对信用卡申请者的资料进行科学而谨慎的评分，建立评估的模型，可为客户提供相应信用等级的服务。

（中国人民银行太原中心支行支付结算处供稿）

第三部分

账户部分

人民币银行结算账户数量继续保持平稳增长，环比增速略有上升。截至第二季度末，全国共开立人民币银行结算账户606 081.72万户，环比增长3.76%，增速较上季度上升0.25个百分点。第二季度新增人民币银行结算账户21 976.34万户。

一、单位银行结算账户

单位银行结算账户数量平稳增长。截至第二季度末，全国共开立单位银行结算账户3 776.23万户，占银行结算账户的0.62%，环比增长3.40%，增速较上季度增长0.76个百分点。本季度，全国新增单位银行结算账户124.08万户。

（一）从账户类别和行别看，基本存款账户数量占比超过六成，临时存款账户数量有所减少

截至第二季度末，全国共开立基本存款账户2 308.84万户，一般存款账户1 162.69万户，专用存款账户283.08万户，临时存款账户21.62万户，分别占单位银行结算账户总量的61.14%、30.79%、7.50%和0.57%。其中，本季度全国基本存款账户新增89.57万户，一般存款账户新增30.44万户，专用存款账户新增4.29万户，临时存款账户减少0.22万户。从行别看，第二季度末，国有商业银行单位银行结算账户占比较第一季度末降低了0.12个百分点，股份制商业银行单位银行结算账户占比较第一季度末提高0.11个百分点。

表13　2014年第二季度单位银行结算账户行别分布

单位：万户、%

	季末存量		季度新增	
	数量	占比	数量	占比
政策性银行	19.32	0.51	0.29	0.23
国有商业银行	1 948.34	51.60	59.63	48.05
股份制商业银行	549.52	14.55	22.21	17.90
其他金融机构	1 259.05	33.34	41.97	33.82

注：其他金融机构包括城市商业银行、农村商业银行、农村合作银行、农村信用社、中国邮政储蓄银行、外资银行。

（二）从地区分布看，东部地区单位银行结算账户数量占比近六成，西部地区增速明显高于其他地区

截至第二季度末，东部、中部、西部和东北地区单位银行结算账户数量分别为2 203.31万户、614.24万户、702.97万户和255.71万户，同比分别增长11.55%、11.52%、14.00%和9.44%，分别占全国单位银行结算账户总量的58.35%、16.27%、18.61%和6.77%。西部地区占比同比提高0.35个百分点，东部地区、中部地区和东北地区占比同比分别下降0.16个百分点、0.04个百分点和0.15个百分点。

分省（自治区、直辖市）来看，广东

（含深圳）、江苏、浙江、山东、上海、北京、河南、河北、辽宁、福建、四川、湖北、安徽等13个省（直辖市）的单位银行结算账户数量均超过100万户，合计2 746.09万户，占全国单位银行结算账户总量的72.72%。

（三）从账户注册资金规模分布看，注册资金规模在100万元以下的银行结算账户数量占比接近七成，注册资金规模在100万~1 000万元的单位银行结算账户数量增速较快

截至第二季度末，注册资金规模100万元以下、100万~1 000万元、1 000万~1亿元和1亿元以上的存款人开立的单位银行结算账户分别为2 575.52万户、730.18万户、355.67万户和114.86万户，同比分别增长11.07%、14.38%、12.62%和11.21%，占比分别为68.20%、19.34%、9.42%和3.04%。

注册资金规模在1亿元以上的单位银行结算账户主要分布于经济较发达地区。截至第二季度末，全国注册资金规模1亿元以上的单位银行结算账户共114.86万户，较第一季度末增加4.30万户。江苏、广东（含深圳）、北京、浙江、山东和上海等六省（直辖市）的注册资金规模1亿元以上的单位银行结算账户数量合计56.93万户，占全国注册资金规模在1亿元以上单位银行结算账户总量的49.57%，占比环比降低0.05个百分点。

表14　2014年第二季度末注册资金100万元以下账户地区分布

单位：万户、%

季末存量				季度新增			
序号	省（市）	账户数量	占比①	序号	省（市）	账户数量	占比②
1	广东（含深圳）	354.98	13.78	1	广东（含深圳）	14.15	18.77
2	江苏	260.25	10.10	2	浙江	6.60	8.76
3	浙江	212.02	8.23	3	江苏	5.64	7.48
4	上海	180.80	7.02	4	上海	5.07	6.72
5	山东	166.37	6.46	5	山东	4.02	5.33
6	北京	116.75	4.53	6	北京	3.25	4.32
7	河南	101.87	3.96	7	河北	3.11	4.12
8	辽宁	93.17	3.62	8	河南	2.99	3.97
9	河北	87.92	3.41	9	四川	2.83	3.76
10	四川	82.75	3.21	10	辽宁	2.78	3.69

注：①、②各省市注册资金100万元以下账户数量在注册资金100万元以下账户总数中的占比。

（四）从行业分布看，租赁和商务服务业、农林牧渔业结算账户数量环比增速较快，房地产业银行结算账户数量环比增速略有上升

租赁和商务服务业、农林牧渔业单位银行结算账户数量环比增速较快。截至第二季度末，单位银行结算账户总量居前五

位的行业依次是批发和零售业、制造业、居民服务和其他服务业、农林牧渔业、建筑业，开立的单位银行结算账户数量依次为1 251.16万户、545.79万户、296.72万户、190.35万户和168.83万户，分别占全行业单位银行结算账户总量的33.13%、14.45%、7.86%、5.04%和4.47%，合计占比为64.95%。单位银行结算账户数量环比增速居前五位的行业分别为租赁和商务服务业、农林牧渔业、信息传输计算机服务和软件业、科学研究技术服务和地质勘查业以及金融业，增速依次为6.76%、4.70%、4.57%、4.57%和4.36%。

房地产业银行结算账户数量持续增长，环比增速略有上升。截至第二季度末，全国房地产业银行结算账户数量共113.04万户，同比增长13.11%，增速较第一季度提高0.13个百分点，环比增长3.27%，增速较第一季度提高0.11个百分点。分省（自治区、直辖市）来看，房地产业银行结算账户数量居前五位的分别为广东（含深圳）、江苏、山东、河南和浙江，合计占比为36.79%。房地产业银行结算账户数量环比增速居前五位的分别为西藏、青海、甘肃、山西和重庆，分别为12.18%、5.61%、5.39%、5.15%和4.99%。广东（含深圳）、北京和上海的房地产业单位银行结算账户数量环比分别增长3.44%、2.23%和1.49%，北京和上海均低于全国平均增速。

表15 2014年第二季度末房地产业银行结算账户地区分布

单位：户、%

季末存量				季度新增			
序号	省份	账户数量	占比①	序号	省份	账户数量	占比②
1	广东	114 909	10.17	1	广东	3 819	10.68
2	江苏	98 755	8.74	2	山东	2 769	7.74
3	山东	83 802	7.41	3	河南	2 725	7.62
4	河南	60 366	5.34	4	江苏	2 259	6.32
5	浙江	57 987	5.13	5	河北	1 835	5.13
6	上海	53 151	4.70	6	安徽	1 827	5.11
7	湖北	47 388	4.19	7	湖北	1 670	4.67
8	四川	46 921	4.15	8	四川	1 498	4.19
9	河北	45 480	4.02	9	重庆	1 289	3.60
10	安徽	44 291	3.92	10	福建	1 265	3.54

注：①、②各省份房地产行业账户数量在房地产行业银行结算账户数量总数中的占比。

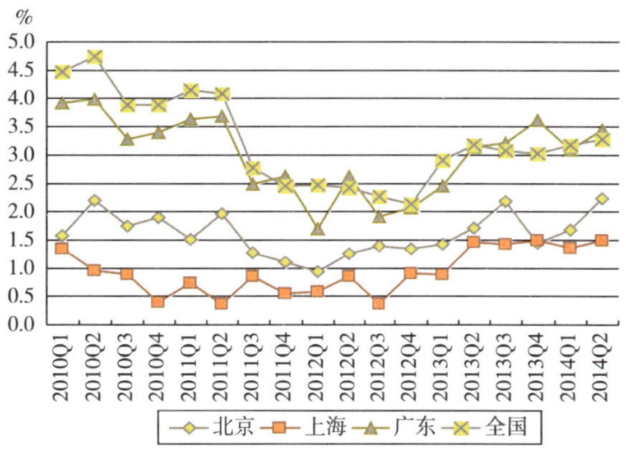

图17 2010年第一季度以来部分地区房地产业单位银行结算账户数量环比增速示意图

制造业银行结算账户数量占比呈下降趋势。截至第二季度末，制造业银行结算账户数量共545.79万户，同比增长5.88%，环比增长1.82%。制造业银行结算账户占全行业结算账户总量的14.45%，较第一季度末下降0.23个百分点。

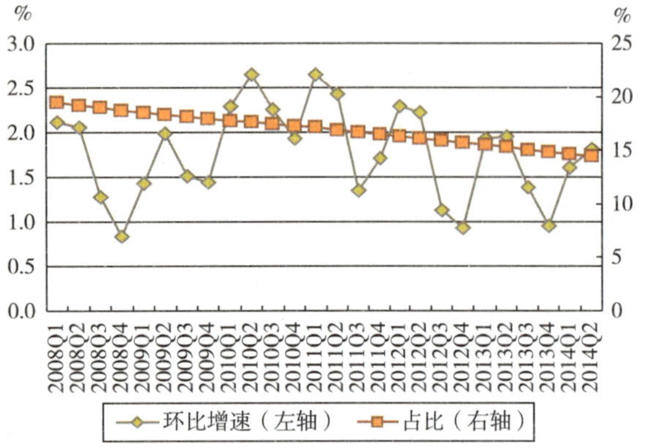

图 18　2008 年第一季度以来制造业单位银行结算账户数量环比增速及占比示意图

（五）从存款人类别分布看，企业法人、个体工商户开立的银行结算账户数量占比超过八成

截至第二季度末，单位银行结算账户数量居前四位的存款人分别是企业法人、个体工商户、非法人企业、机关和事业单位，开立的单位银行结算账户数量分别为 2 522.89 万户、611.68 万户、263.63 万户和 192.10 万户，分别占单位银行结算账户总量的 66.81%、16.20%、6.98% 和 5.09%。

二、个人银行结算账户

个人银行结算账户数量稳步增长。截至第二季度末，全国共开立个人银行结算账户 602 305.49 万户，占银行结算账户总量的 99.38%，同比增长 15.24%，较上年同期下降 1.42 个百分点；环比增长 3.76%，较上季度上升 0.24 个百分点。本季度，全国新增个人银行结算账户 21 852.26 万户。

（一）从地区分布看，东部发达地区个人银行结算账户数量明显高于其他地区

广东（含深圳）个人银行结算账户数量位居全国首位。截至第二季度末，个人银行结算账户数量居前五位的省（自治区、直辖市）分别为广东（含深圳）、山东、江苏、浙江和上海，合计 242 435.66 万户，占全国个人银行结算账户总量的 40.25%，占比较第一季度末下降 0.50 个百分点。上海、北京和天津的人均个人银行结算账户拥有量居全国前三位。截至第二季度末，上海、北京、天津、浙江、福建、广东（含深圳）、重庆的人均个人银行结算账户数量均超过 6 户，分别为 13.67 户、9.84 户、7.56 户、7.18 户、7.17 户、7.10 户和 6.43 户。

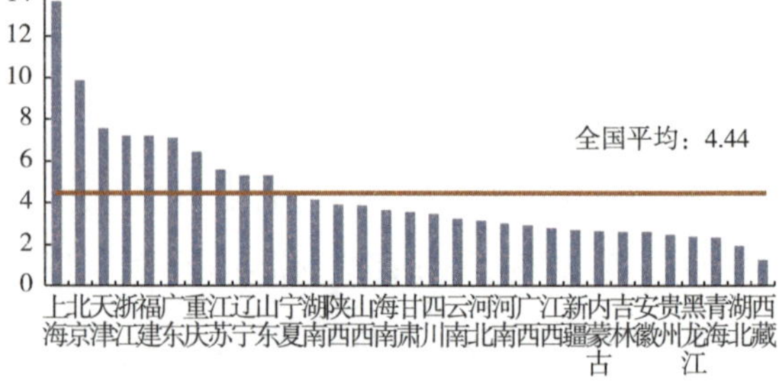

图 19　2014 年第二季度末各省个人结算账户人均拥有量示意图

（二）从行别分布看，国有商业银行个人银行结算账户数量占比超过六成，股份制商业银行占比与上季度基本持平

截至第二季度末，国有商业银行、股份制商业银行、中国邮政储蓄银行、其他银行业金融机构的个人银行结算账户数量分别为363 707.55万户、67 840.65万户、66 855.60万户和103 901.69万户，占比分别为60.39%、11.26%、11.10%和17.25%，其中，股份制商业银行个人银行结算账户数量占比与第一季度末基本持平。

第二季度，国有商业银行、股份制商业银行、中国邮政储蓄银行和其他银行业金融机构新增的个人银行结算账户数量分别为11 793.66万户、2 133.91万户和1 771.69万户和6 153.00万户。

专栏3　重庆探索将社保卡纳入公民身份联网核查佐证证件范围的做法及成效

针对银行在进行公民身份信息联网核查时，部分客户难以提供户口簿、护照、机动车驾驶证等3类佐证证件影响业务办理的情形，重庆营业管理部探索将社会保障卡（以下简称社保卡）纳入公民身份信息核查佐证证件范围，并在部分银行试点。2014年4月至7月，通过社保卡作为佐证证件，为近500名客户办理业务，试点银行客户相关业务投诉量降幅超7成，取得了客户、银行满意的效果。

一、背景

（一）部分客户难以提供公民身份联网核查佐证证件，办理银行业务受阻

由于公安部门对公民联网核查系统数据并非实时纠错，导致联网核查系统难以识别部分客户个人身份，如系统显示客户身份证件号码不存在、身份证件号码存在但与姓名不匹配或反馈照片不符等。《中国人民银行　公安部关于切实做好联网核查公民身份信息有关工作的通知》（银发〔2007〕345号）规定，商业银行在进行身份证联网核查时，对于身份证件号码不存在等情形，可要求客户出示居民户口簿、护照、机动车驾驶证等其他有效证件进一步核实。但个别客户无法提供上述3类佐证证件，导致无法办理开立账户等相关业务。

（二）疑义信息更正流程较为烦琐、耗时长

目前，客户可通过商业银行网点、人民银行各分支机构投诉登记疑义信息，人民银行省级分支机构建立投诉登记汇总机制，按月汇总有疑义的客户身份信

息上报总行，并由总行按月统一反馈公安部，再由公安部在公民身份联网核查系统中更正有误的公民身份信息。此类解决方式平均耗时至少1个月，如未纠正，客户将继续投诉，耗时费力。

（三）消费者相关投诉较多，影响金融消费者权益保护

公民身份证联网核查系统难以识别部分客户身份，主要是公安部门公民身份数据录入有误、更新不及时等原因所致，但部分客户将其归因于商业银行，并向银行网点上级管理部门和人民银行投诉。2009年以来，仅重庆营业管理部累计收到涉及身份证核查类投诉670起，既损害了金融消费者权益，也影响商业银行的公众形象。

二、将社保卡作为核查佐证具有可行性

（一）社保卡公信力强、真实性高

社保卡是由劳动和社会保障部统一规划，由各地劳动保障部门面向社会发行，用于劳动和社会保障各项业务领域的集成电路卡（IC卡），社会保障卡采用全国统一标准，社会保障号码采用公民身份号码，具有唯一性。

（二）社保卡发卡及使用过程均由国家有关部门严格监督

1. 人力资源和社会保障局负责社保卡金融功能的加载及发行

重庆市人力资源和社会保障局统一组织各区县做好社保卡发行的相关工作。社保卡发卡步骤如下：第一步，各区县人力社保局按要求采集本辖区内参保人的数据确认表（包括身份证复印件、近期免冠正面标准蓝底或红底彩色照片1寸、选择银行、交表人、交表日期、联系电话），有工作单位的由单位统一封装，无工作单位的由街道（社区）统一封装，不能落实街道（社区）的由各区县（自治县）人力社保局统一封装。封装袋上需注明区县、单位、人数、交表时间等，封装袋内需附本封装袋统计表，包括单位名称、单位编号和单位人数。各区县（自治县）人力社保局将封装好的数据确认表原件报送市社会保障卡服务中心，同时按要求将分配好的每个参保人一一对应的身份证号、姓名、个人社保编号等信息以电子版形式传至市社会保障卡服务中心。第二步，重庆市人力社保局与重庆市公安局建立了协作机制，通过公安部门的数据库对各区县采集本辖区内参保人的数据确认表的个人信息会进行核对。第三步，将核对后的名单发往相关银行机构，银行机构根据个人相关信息制作出具有金融功能的社保卡。

2. 金保号是金融社保卡发卡的基础条件

金保号是个人或单位统一缴纳社会保障五种基本险种（养老、失业、医疗、工伤、生育）的任意一种后，国家社保

部门根据固定的编码规则赋予其一个金保号。拥有金保号的个人表明其已经参加了国家的基本社会保险，缴纳了相应的社会保险费用；有金保号的人员，即参保人员才能被发放社保卡。

3. 国家对社保卡的使用人有严格的管理规定

国家对社保卡的使用人建立了严格的监督机制。重庆市规定年满60岁的人员，需要每年留存指纹、照片以连续认证本人的身份，如果未履行该程序将影响后续的使用。

（三）社保卡记载要素齐全，佐证力度强

社保卡记载内容与身份证、户口簿互通内容较多，包括姓名、性别、身份证号码等核心要素。同时，社保卡印有持证人照片，佐证力度更大。

专栏表1　社保卡记载内容与身份证、户口簿对比

	记载要素	共同核心要素
身份证	姓名、性别、民族、出生日期、住址、身份证号码、签发机关、有效期限。	姓名、性别、身份证号码。
社保卡	姓名、社会保障号码、性别、民族、卡号、发卡日期、有效期限、发卡银行。	
户口簿	姓名、户主或与户主关系、曾用名、性别、出生地、籍贯、民族、出生日期、公民身份证件编号、文化程度、婚姻状况、服务处所、职业。	

（四）重庆社保卡发卡量大，普及率较高

2011年4月，重庆成为全国首家在单一芯片上实现社保功能和金融功能的试点城市。截至2014年3月末，重庆市累计发行社保卡3 050.5万张，参保人员社保卡的发放基本到位。

三、主要做法

（一）选择社保卡发行量大的地方法人银行作为试点银行

重庆银行作为重庆市政府授权的发行具有金融功能社保卡的第一家地方性法人银行，前期已发行社保卡10余万张，居重庆市地方性银行发卡量前列。因此，优先选择重庆银行作为试点机构，在核实本行发行的金融社保卡客户身份时有优势。

（二）将个人账户开销户、个人存量账户身份核实、个人账户挂失、理财等4种业务纳入试点范围

拟订将公民社会保障卡作为身份核实佐证证件试点方案，明确重庆银行使用社保卡作为身份证核实佐证的范围，限定为个人账户开销户、个人存量账户身份核实、个人账户挂失、理财等4种需提供居民身份证件的业务。

（三）明确核实流程及佐证使用范围，将社保卡作为户口簿、护照、机动车驾驶证后的第四类佐证证件

对客户的身份证件进行联网核查和

使用仪器鉴别后，其结果为身份证件号码不存在、身份证件号码存在但与姓名不匹配或反馈照片不相符，采取方式对相关居民身份证的真实性进一步核实，要求客户出示居民户口簿、护照、机动车驾驶证等其他有效证件，当客户无法提供上述佐证证件时，再使用社保卡作为佐证证件。

（四）明确核实要素和试点时间

银行对社保卡验证时，主要对姓名、身份证号码、照片等3类要素进行核实。试点时间为2014年4月至7月。

（五）加强试点银行指导，确保试点工作顺利推进

指导重庆银行对辖区全部90个网点的近200名柜面人员进行培训，严格要求业务人员按照试点范围、核实流程、核实要素办理业务。同时，重庆银行通过电话联系先前办理业务存在困难的客户，并通过热线咨询电话做好政策宣传推广工作，确保客户知悉最新政策，方便提供3类佐证有困难的客户能够及时办理相关业务。

四、取得成效

（一）通过社保卡佐证成功办理业务，客户认可度高

试点4个月以来，通过将社保卡作为佐证证件，累计为近500名客户办理业务，不仅为客户办理业务提供了便利，也提高了业务办理效率，得到了客户高度认可。

（二）相关业务投诉量降幅超7成，银行满意度高

通过扩大佐证范围，重庆银行为身份信息存在疑义的客户妥善解决业务办理，有效减少了与客户的纠纷和矛盾。试点4个月以来，重庆银行相关业务咨询投诉量由前期月均10笔下降至目前的3笔，降幅超过70%。

同时，重庆银行的示范效应开始显现，其他银行也纷纷表示愿意加入社保卡佐证试点范围，重庆营业管理部将择机扩大试点银行范围，确保更多客户享受业务办理便利。

（中国人民银行重庆营业管理部支付结算处供稿）

第四部分

证券结算

一、中央债券综合业务系统

中央结算公司债券托管量继续增加，债券回购交易结算业务量稳步增长。第二季度末，中央结算公司共托管本币债272 371.05亿元，美元债13.65亿美元，本币债比第一季度末增长3.18%，美元债持平。本币债中，不可流通债券13 854.88亿元，可流通债券258 516.17亿元。第二季度，中央结算公司现券交易结算81 950笔，金额82 828.95亿元，同比减少10.22%和16.07%；回购交易结算165 428笔，金额515 895.14亿元，同比分别增长38.92%和25.14%，其中，买断式回购交易结算22 265笔，金额23 147.71亿元，同比分别增长96.88%和64.03%，质押式回购交易结算143 163笔，金额492 747.44亿元，同比分别增长32.83%和23.76%。

券款对付（DVP）结算业务笔数同比增长较快。第二季度末，全国共有5 258家银行间结算成员办理DVP结算业务，比第一季度末增加194家。第二季度，结算成员共办理DVP结算业务412 672笔，金额1 108 742.96亿元，同比增长55.44%和37.30%。其中，银行DVP业务297 751笔，金额1 009 061.24亿元，同比分别增长2.13倍和95.02%；非银行DVP业务114 921笔，金额99 681.72亿元，同比分别减少32.48%和65.64%。

二、中国证券登记结算系统

中国证券登记结算公司登记存管证券数量继续增加，结算总额同比增长较快。第二季度末，中国证券登记结算公司登记存管证券5 643只，比第一季度末增加308只。其中，A股2 525只，B股104只，国债166只，地方债6只，政策性金融债3只，企业债1 221只，公司债608只，可转债31只，分离式可转债2只，中小企业私募债471只，封闭式基金24只，ETF 91只，LOF 342只，实时申赎货币基金8只，资产证券化产品40只，权证1只，其中，企业债、公司债和中小企业私募债分别比第一季度末增加126只、79只和71只。第二季度人民币结算总额1 052 556.49亿元，同比增长36.31%，人民币结算净额44 585.37亿元，同比增长35.82%。

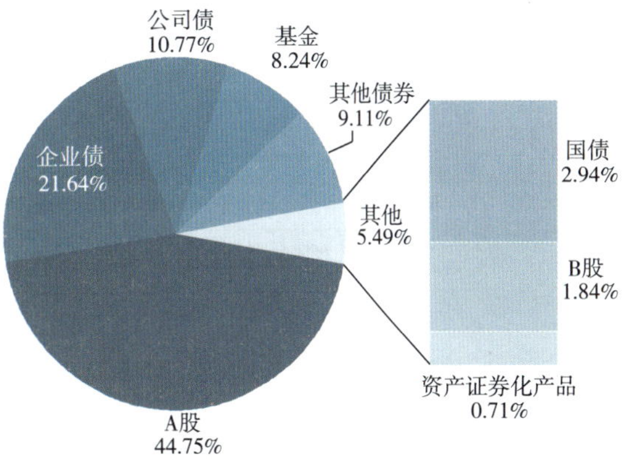

图20 中国证券登记结算公司登记存管证券结构

三、银行间市场清算所股份有限公司业务系统

现券业务以全额清算为主。第二季度，银行间市场清算所现券业务全额清算笔数28 959笔，清算面额20 351.41亿元，结算金额20 543.27亿元，同比分别增长16.65%、54.10%和53.56%；现券业务净额清算笔数666笔，同比减少28.77%，清算面额703.45亿元，同比减少44.38%，结算金额710.32亿元，同比增长321.03%。质押式回购业务清算笔数60 751笔，清算面额34 385.74亿元，结算金额33 538.51亿元，同比分别增长6.12倍、1.41倍和1.42倍；买断式回购业务清算笔数5 052笔，清算面额3 710.11亿元，结算金额7 513.33亿元，同比分别增长3.87倍、4.80倍和10.57倍。

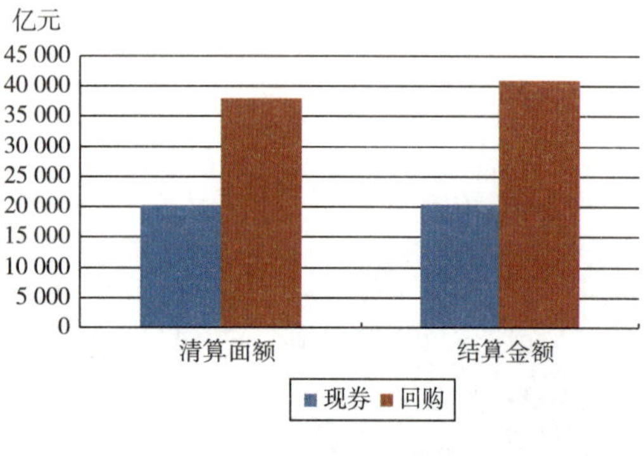

图21　银行间市场清算所业务规模情况

登记托管规模继续增加。第二季度末，银行间市场清算所登记托管的各类人民币债券3 212只，比第一季度末增加789只，累计面额39 786.76亿元，比第一季度末增加8 884.04亿元，托管美元中期票据1只，面额2亿美元。其中，人民币债券包括超短期融资券5 732亿元，非公开定向债务融资工具14 020.86亿元，短期融资券9 765.90亿元，区域集优中小企业集合票据101.16亿元，信贷资产支持证券142.84亿元，金融企业短期融资券970亿元，非金融企业资产支持票据138.80亿元，资产管理公司金融债445亿元，政府支持机构债券450亿元，中期票据6 784.80亿元，同业存单1 235.40亿元。与第一季度末相比，中期票据增加3 098.60亿元，非公开定向债务融资工具增加2 940.98亿元，短期融资券增加1 188.60亿元，同业存单增加857.70亿元。

市场服务范围不断扩大。第二季度末，累计投资者账户数量4 549个，比第一季度末增加315个，包括国家开发银行，政策性银行2个，商业银行312个，信用社121个，证券公司106个，保险公司91个，财务公司43个，信托公司28个，其他非银行金融机构20个，非金融机构法人18个，非法人机构3 726个，经人民银行批准的境外机构75个和其他机构6个，其中，非法人机构账户数量比2013年第四季度末增加257个。

外汇询价交易净额清算系统业务量同比增长较快。第二季度，外汇净额清算系统共处理人民币外汇交易业务45 643笔，

金额 6 305.54 亿美元，同比分别增长 62.16%和24.27%。外汇净额清算仍然以美元、人民币净额结算为主。第二季度，净额清算业务结算总金额 2 257.58 亿美元，同比增长 7.97%。其中，人民币和美元净额结算业务结算金额分别为 1 120.08 亿美元和 1 086.08 亿美元，分别占净额清算业务结算总金额的 49.61%和 48.11%，合计共占 97.72%；日元、欧元、英镑和港元净额结算业务结算金额分别为 27.81 亿美元、10.22 亿美元、7.06 亿美元和 6.33 亿美元。

第五部分

国际支付体系发展概况

一、发达国家支付体系发展概述

美国支付业务量稳定增长。第二季度，纽约清算所银行间支付系统（CHIPS）共处理支付业务2 713.41万笔，金额99.39万亿美元，笔均交易额366.28万美元；日均处理业务42.40万笔，金额1.55万亿美元。第二季度，联邦资金转账系统（Fedwire）共处理支付业务3 400.96万笔，金额225.91万亿美元，笔数同比下降1.70%，金额同比增长26.64%；日均53.62万笔，金额3.06万亿美元。

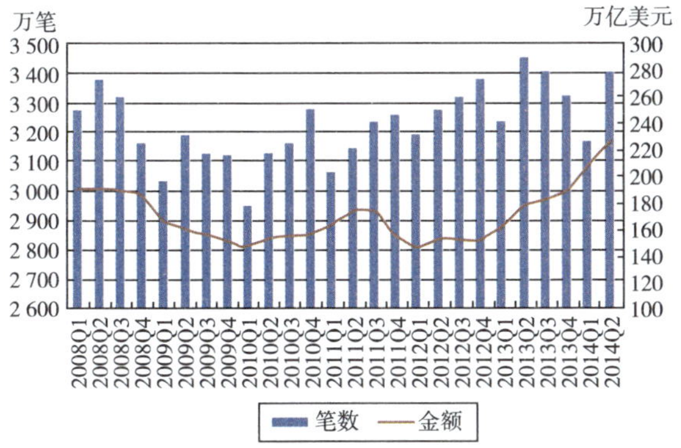

图22 Fedwire业务量趋势示意图

欧元区支付业务笔数同比小幅下降，德国业务金额占比同比上升。第二季度，泛欧自动实时全额结算快速转账系统（TARGET）业务笔数2 267.63万笔，金额127.68万亿欧元，笔数同比减少3.91%，金额同比增长1.92%；日均36.60万笔，金额2.06万亿欧元。从业务量国别分布看，泛欧自动实时全额结算快速转账系统业务仍然主要集中于德国、意大利、法国、荷兰和西班牙五国。五国业务笔数1 973.13万笔，金额105.58万亿欧元，分别占系统总业务量的87.22%和82.69%，占比同比均略有下降；其中，德国业务笔数1 093.53万笔，金额40.41万亿欧元，分别占系统总业务量的48.34%和31.65%，笔数占比同比下降0.52个百分点，金额占比同比上升1.07个百分点。

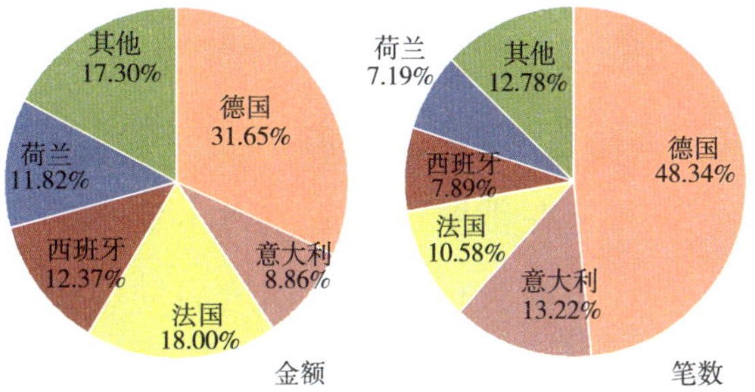

图23 TARGET业务量国别占比示意图

全欧支付系统业务量同比下降。第二季度，欧洲银行业协会（EBA）的全欧支付系统（EURO1）交易笔数1 463.24万笔，金额11.54万亿欧元，同比分别下降11.93%和7.75%；日均23.62万笔，金额1 861.30亿欧元。

日本支付业务量基本保持稳定。第二季度，日本银行金融网络系统（BOJ-NET）共处理支付业务413.20万笔，金额7 448.87万亿日元，笔数同比减少2.52%，金额同比增长0.28%。全银数据通信系统（Zengin System）共处理支付业务3.51亿笔，金额765.81万亿日元，笔数同比增长1.71%，金额同比减少

1.09%。其中，大额实时贷记转账业务61.60万笔，金额548.71万亿日元，同比分别减少0.16%和2.19%；小额贷记转账业务3.51亿笔，金额217.10万亿日元，同比分别增长1.71%和1.82%。

二、国际支付体系发展动态

5月6日，俄罗斯总统普京签署关于建立俄罗斯本国支付系统并确保国际支付系统工作连续性的法律。通过法律是对因银行受到美国制裁，国际支付系统维萨和万事达停止在俄罗斯开展银行卡业务的回应。据俄罗斯央行估计，建造启动本国支付系统的基础设施可能需要至多半年。

5月28日，国际支付结算体系委员会（CPSS）和国际证监会组织（IOSCO）首次更新金融市场基础设施（PFMIs）的一级评估。一级评估是单个国家基于对如何采用24项金融市场设施（FMI）原则、监管当局在应用金融市场设施的监管框架和责任的自我评估。2013年8月，已经有28个国家和地区进行一级评估。同时，它们也在力推实施金融市场基础设施的二级评估。

6月12日，强制性公积金计划管理局及香港金融管理局举行强制性公积金转移电子化支付系统启动礼暨展览，宣布强制性公积金转移电子化支付系统正式投入服务。强制性公积金转移电子化支付系统是利用金融管理局现有的港元即时支付系统，将强制性公积金受托人之间的权益转移支付步骤电子化，缩短了强制性公积金转移所需时间，也有助提升转移的准确性和效率。

6月16日，香港金融管理局公布2014年第一季度香港支付卡的使用情况。据统计，第一季度末，香港流通的信用卡总数为1 810万张，环比上升0.1%，同比上升3.3%。信用卡交易量及金额容易受季节因素及整体经济环境影响，走势较为波动。2014年第一季度，信用卡交易笔数11 700万笔，环比减少4.7%，同比增加6.3%；交易金额为1 373亿港元，环比减少3.3%，同比增加8.8%。

附录一

支付业务统计指标图表

表 1　非现金支付业务量

单位：亿笔、万亿元

时期	笔数	金额
2008Q1	39.75	158.09
2008Q2	44.39	157.46
2008Q3	47.85	157.28
2008Q4	51.28	160.17
2009Q1	46.68	155.50
2009Q2	52.30	167.89
2009Q3	54.11	188.50
2009Q4	61.05	203.86
2010Q1	59.70	201.03
2010Q2	68.54	214.75
2010Q3	71.65	232.64
2010Q4	77.15	256.76
2011Q1	74.29	255.98
2011Q2	82.04	263.41
2011Q3	85.92	282.82
2011Q4	96.49	303.08
2012Q1	90.96	293.35
2012Q2	100.17	308.37
2012Q3	106.48	328.20
2012Q4	113.79	356.57
2013Q1	112.01	371.46
2013Q2	121.91	388.51
2013Q3	128.30	412.89
2013Q4	139.36	434.69
2014Q1	135.52	435.96
2014Q2	150.38	456.20

表 2　M0 占 GDP 比例

单位：%

时期	占比
2008Q1	10.97
2008Q2	10.40
2008Q3	10.48
2008Q4	10.90
2009Q1	10.63
2009Q2	10.45
2009Q3	11.20
2009Q4	11.22
2010Q1	11.05
2010Q2	10.58
2010Q3	10.95
2010Q4	11.12
2011Q1	10.77
2011Q2	10.27
2011Q3	10.45
2011Q4	10.73
2012Q1	10.25
2012Q2	9.97
2012Q3	10.59
2012Q4	10.53
2013Q1	10.47
2013Q2	10.02
2013Q3	10.23
2013Q4	10.29
2014Q1	10.08
2014Q2	9.65

表 3 非现金支付工具金额

单位：万亿元

时期	票据	银行卡	结算方式
2008Q1	61.51	30.89	65.69
2008Q2	60.84	32.15	64.48
2008Q3	62.22	32.44	62.61
2008Q4	66.79	31.68	61.71
2009Q1	61.85	34.02	59.64
2009Q2	63.52	39.88	64.49
2009Q3	70.21	42.88	75.41
2009Q4	74.46	49.21	80.19
2010Q1	65.79	52.99	82.25
2010Q2	68.88	57.90	87.97
2010Q3	71.69	63.29	97.66
2010Q4	78.15	72.59	106.01
2011Q1	75.67	75.28	105.03
2011Q2	70.68	77.54	115.19
2011Q3	74.87	83.81	124.16
2011Q4	79.90	87.20	135.05
2012Q1	73.42	84.02	135.90
2012Q2	74.36	82.62	151.40
2012Q3	74.21	88.20	165.61
2012Q4	74.38	91.38	190.82
2013Q1	72.35	100.27	198.83
2013Q2	70.51	103.23	214.77
2013Q3	71.14	108.07	233.68
2013Q4	73.70	111.78	249.21
2014Q1	68.57	110.52	256.86
2014Q2	67.38	109.58	279.25

表 4 票据业务量

单位：万笔、亿元

时期	笔数	金额
2008Q1	21 290.95	615 060.63
2008Q2	21 502.81	608 382.13
2008Q3	22 270.38	622 226.28
2008Q4	23 163.31	667 865.72
2009Q1	20 239.43	618 454.47
2009Q2	20 759.86	635 172.15
2009Q3	22 794.88	702 091.34
2009Q4	23 760.42	744 616.93
2010Q1	21 122.49	657 936.21
2010Q2	21 506.08	688 808.71
2010Q3	23 018.14	716 893.81
2010Q4	24 004.95	781 542.59
2011Q1	20 716.61	756 676.54
2011Q2	20 458.51	706 809.26
2011Q3	21 498.13	748 702.55
2011Q4	21 992.46	798 956.13
2012Q1	19 968.93	734 200.06
2012Q2	19 543.93	743 584.79
2012Q3	19 527.72	742 108.39
2012Q4	19 326.50	743 767.93
2013Q1	17 781.91	723 508.12
2013Q2	17 116.20	705 077.09
2013Q3	17 197.19	711 403.46
2013Q4	17 247.46	736 979.84
2014Q1	14 976.61	685 720.68
2014Q2	14 530.98	673 756.79

表5 支票业务量

单位：万笔、亿元

时期	笔数	金额
2008Q1	20 731. 12	571 023. 63
2008Q2	20 948. 89	564 396. 86
2008Q3	21 722. 14	579 569. 93
2008Q4	22 627. 05	623 419. 68
2009Q1	19 736. 74	572 492. 07
2009Q2	20 228. 91	587 586. 81
2009Q3	22 229. 90	644 676. 90
2009Q4	23 178. 17	681 459. 07
2010Q1	20 547. 64	602 064. 66
2010Q2	20 926. 13	631 603. 21
2010Q3	22 403. 46	655 137. 77
2010Q4	23 366. 28	716 229. 35
2011Q1	20 088. 06	690 758. 92
2011Q2	19 848. 29	642 310. 29
2011Q3	20 828. 40	679 156. 66
2011Q4	21 299. 70	725 543. 18
2012Q1	19 254. 71	667 045. 64
2012Q2	18 829. 59	675 194. 66
2012Q3	18 843. 80	674 668. 08
2012Q4	18 670. 68	671 026. 30
2013Q1	17 115. 91	655 434. 03
2013Q2	16 464. 14	633 857. 60
2013Q3	16 527. 32	638 983. 33
2013Q4	16 592. 83	667 346. 88
2014Q1	14 284. 23	615 855. 30
2014Q2	13 874. 88	606 235. 29

表6 单笔支票金额

单位：万元

时期	单笔支票金额
2008Q1	27. 54
2008Q2	26. 94
2008Q3	26. 68
2008Q4	27. 55
2009Q1	29. 01
2009Q2	29. 05
2009Q3	29. 00
2009Q4	29. 40
2010Q1	29. 30
2010Q2	30. 18
2010Q3	29. 24
2010Q4	30. 65
2011Q1	34. 39
2011Q2	32. 36
2011Q3	32. 61
2011Q4	34. 06
2012Q1	34. 64
2012Q2	35. 86
2012Q3	35. 80
2012Q4	35. 94
2013Q1	38. 29
2013Q2	38. 50
2013Q3	38. 66
2013Q4	40. 22
2014Q1	43. 11
2014Q2	43. 69

表 7　商业汇票业务量

单位：万笔、亿元

时期	笔数	金额
2008Q1	182. 27	16 360. 11
2008Q2	189. 19	15 955. 61
2008Q3	196. 38	17 567. 39
2008Q4	207. 47	18 849. 23
2009Q1	196. 55	20 023. 64
2009Q2	197. 41	21 457. 68
2009Q3	213. 19	28 574. 71
2009Q4	214. 44	26 188. 57
2010Q1	220. 04	24 215. 76
2010Q2	219. 00	25 053. 00
2010Q3	242. 00	28 926. 00
2010Q4	255. 85	30 260. 12
2011Q1	279. 10	33 093. 36
2011Q2	289. 00	32 175. 00
2011Q3	328. 87	36 571. 58
2011Q4	358. 96	40 426. 06
2012Q1	389. 00	35 231. 00
2012Q2	392. 46	39 514. 32
2012Q3	390. 82	39 916. 18
2012Q4	380. 83	45 968. 23
2013Q1	394. 68	42 148. 60
2013Q2	394. 17	45 816. 47
2013Q3	421. 01	48 088. 20
2013Q4	420. 81	46 356. 22
2014Q1	467. 39	47 928. 99
2014Q2	454. 81	46 733. 42

表 8　商业汇票逾期垫款金额

单位：亿元

时期	逾期垫款金额
2008Q1	141. 96
2008Q2	127. 90
2008Q3	136. 30
2008Q4	93. 45
2009Q1	108. 58
2009Q2	112. 84
2009Q3	111. 71
2009Q4	105. 52
2010Q1	95. 73
2010Q2	105. 41
2010Q3	98. 23
2010Q4	94. 90
2011Q1	96. 38
2011Q2	105. 20
2011Q3	100. 33
2011Q4	121. 78
2012Q1	192. 98
2012Q2	248. 74
2012Q3	346. 67
2012Q4	348. 02
2013Q1	398. 34
2013Q2	430. 65
2013Q3	473. 23
2013Q4	469. 51
2014Q1	676. 14
2014Q2	766. 86

表 9 银行汇票、本票业务量

单位：万笔、亿元

时期	银行汇票业务		银行本票业务	
	笔数	金额	笔数	金额
2008Q1	226. 83	12 069. 52	150. 37	15 377. 19
2008Q2	219. 59	11 913. 55	144. 68	15 796. 82
2008Q3	206. 50	10 337. 49	144. 95	14 447. 41
2008Q4	193. 87	10 563. 60	134. 30	14 606. 06
2009Q1	172. 87	9 893. 01	132. 89	15 743. 92
2009Q2	179. 19	10 039. 05	153. 82	15 676. 22
2009Q3	182. 99	10 325. 93	168. 12	17 820. 47
2009Q4	185. 45	10 642. 71	181. 42	25 547. 94
2010Q1	162. 17	9 891. 41	191. 12	20 906. 33
2010Q2	168. 98	9 750. 48	190. 85	20 985. 01
2010Q3	174. 58	10 024. 82	196. 35	21 285. 57
2010Q4	173. 51	10 343. 27	207. 74	22 931. 94
2011Q1	137. 57	8 351. 83	210. 35	22 388. 96
2011Q2	127. 89	7 649. 76	191. 16	22 503. 19
2011Q3	135. 54	7 208. 29	203. 24	22 476. 93
2011Q4	130. 72	7 273. 03	200. 54	21 384. 95
2012Q1	132. 84	8 569. 17	189. 53	18 493. 32
2012Q2	118. 82	6 380. 46	183. 03	18 424. 55
2012Q3	111. 69	6 024. 38	179. 33	17 306. 24
2012Q4	105. 89	6 057. 49	167. 00	16 811. 97
2013Q1	102. 67	5 820. 17	166. 55	15 896. 87
2013Q2	94. 49	5 431. 94	161. 30	15 735. 95
2013Q3	92. 95	5 207. 27	153. 74	14 655. 66
2013Q4	87. 02	5 127. 90	144. 58	13 990. 16
2014Q1	82. 32	4 686. 67	140. 53	12 662. 25
2014Q2	77. 88	4 266. 11	121. 01	11 552. 06

表 10　银行卡数量

单位：万张

时期	银行卡数量
2008Q1	158 650. 23
2008Q2	162 097. 72
2008Q3	172 889. 69
2008Q4	180 038. 90
2009Q1	188 837. 41
2009Q2	197 933. 62
2009Q3	207 715. 70
2009Q4	206 594. 37
2010Q1	216 914. 06
2010Q2	226 571. 88
2010Q3	237 985. 51
2010Q4	241 530. 92
2011Q1	255 292. 34
2011Q2	267 410. 37
2011Q3	280 573. 36
2011Q4	294 904. 98
2012Q1	310 247. 69
2012Q2	322 484. 97
2012Q3	339 974. 82
2012Q4	353 414. 72
2013Q1	369 379. 15
2013Q2	383 315. 92
2013Q3	396 590. 59
2013Q4	421 389. 29
2014Q1	439 052. 87
2014Q2	453 966. 97

表 11　信用卡数量

单位：万张

时期	信用卡数量
2008Q1	10 472. 96
2008Q2	12 240. 09
2008Q3	13 145. 67
2008Q4	14 232. 89
2009Q1	15 047. 31
2009Q2	16 261. 50
2009Q3	17 525. 13
2009Q4	18 555. 56
2010Q1	19 268. 43
2010Q2	20 716. 03
2010Q3	22 232. 74
2010Q4	22 965. 31
2011Q1	24 224. 61
2011Q2	25 750. 99
2011Q3	26 745. 98
2011Q4	28 545. 89
2012Q1	29 070. 78
2012Q2	30 221. 03
2012Q3	31 776. 27
2012Q4	33 109. 53
2013Q1	34 259. 02
2013Q2	36 364. 32
2013Q3	37 623. 93
2013Q4	39 079. 24
2014Q1	41 356. 16
2014Q2	42 191. 51

表 12　ATM 数量

单位：万台

时期	ATM 数量
2008Q1	13. 76
2008Q2	14. 83
2008Q3	15. 83
2008Q4	16. 75
2009Q1	17. 19
2009Q2	18. 98
2009Q3	19. 97
2009Q4	21. 49
2010Q1	22. 16
2010Q2	23. 05
2010Q3	24. 79
2010Q4	27. 11
2011Q1	28. 68
2011Q2	29. 31
2011Q3	30. 93
2011Q4	33. 38
2012Q1	35. 39
2012Q2	37. 30
2012Q3	39. 15
2012Q4	41. 56
2013Q1	44. 25
2013Q2	46. 56
2013Q3	48. 40
2013Q4	52. 00
2014Q1	54. 28
2014Q2	56. 07

表 13　银行卡业务量

单位：万笔、亿元

时期	笔数	金额
2008Q1	308 914. 62	358 533. 36
2008Q2	321 451. 93	403 452. 26
2008Q3	324 439. 05	436 389. 62
2008Q4	316 768. 16	468 827. 84
2009Q1	340 213. 82	427 938. 95
2009Q2	398 842. 90	481 403. 65
2009Q3	428 772. 22	496 412. 75
2009Q4	492 085. 66	563 364. 54
2010Q1	529 871. 24	553 396. 06
2010Q2	578 967. 97	638 255. 49
2010Q3	632 877. 53	665 828. 76
2010Q4	725 913. 51	718 190. 55
2011Q1	752 788. 13	695 230. 06
2011Q2	775 369. 62	770 566. 63
2011Q3	838 092. 75	806 526. 19
2011Q4	872 002. 76	905 639. 96
2012Q1	840 207. 22	857 917. 69
2012Q2	826 154. 60	947 078. 08
2012Q3	881 974. 11	1 007 828. 43
2012Q4	913 783. 32	1 078 574. 73
2013Q1	1 002 730. 40	1 062 548. 40
2013Q2	1 157 282. 91	1 032 340. 20
2013Q3	1 217 285. 19	1 080 686. 70
2013Q4	1 322 440. 47	1 117 844. 28
2014Q1	1 285 458. 05	1 105 207. 47
2014Q2	1 429 090. 89	1 095 772. 36

表 14　银行卡消费业务量

单位：万笔、亿元

时期	笔数	金额
2008Q1	55 534. 46	8 246. 26
2008Q2	60 605. 34	9 528. 60
2008Q3	71 310. 82	10 232. 36
2008Q4	77 082. 68	11 466. 88
2009Q1	74 674. 04	12 219. 99
2009Q2	81 807. 39	15 586. 57
2009Q3	91 161. 45	19 132. 32
2009Q4	101 481. 00	21 674. 06
2010Q1	104 935. 75	21 459. 47
2010Q2	116 591. 80	23 717. 97
2010Q3	125 928. 16	25 960. 09
2010Q4	137 486. 63	33 160. 12
2011Q1	136 359. 19	32 472. 44
2011Q2	151 304. 13	36 360. 83
2011Q3	163 997. 06	40 729. 94
2011Q4	189 640. 54	42 555. 59
2012Q1	186 518. 40	41 426. 51
2012Q2	209 043. 16	48 229. 58
2012Q3	230 903. 66	55 625. 01
2012Q4	274 441. 62	62 974. 94
2013Q1	268 066. 96	66 402. 61
2013Q2	305 588. 88	74 224. 89
2013Q3	331 283. 14	82 733. 45
2013Q4	392 156. 47	94 954. 30
2014Q1	377 099. 04	95 428. 89
2014Q2	471 739. 33	100 393. 35

表 15　信用卡期末授信总额

单位：亿元

时期	金额
2008Q1	5 067. 61
2008Q2	6 931. 74
2008Q3	8 910. 47
2008Q4	9 804. 57
2009Q1	10 350. 91
2009Q2	11 736. 44
2009Q3	12 445. 13
2009Q4	13 634. 96
2010Q1	14 794. 98
2010Q2	16 421. 15
2010Q3	18 588. 29
2010Q4	20 009. 56
2011Q1	20 924. 38
2011Q2	22 989. 72
2011Q3	24 457. 71
2011Q4	26 014. 23
2012Q1	27 862. 09
2012Q2	29 917. 55
2012Q3	33 341. 56
2012Q4	34 857. 60
2013Q1	36 600. 50
2013Q2	39 768. 14
2013Q3	43 453. 72
2013Q4	45 723. 56
2014Q1	47 992. 19
2014Q2	50 908. 94

表16　信用卡期末应偿信贷总额

单位：亿元

时期	金额
2008Q1	884.22
2008Q2	1 061.52
2008Q3	1 309.28
2008Q4	1 582.12
2009Q1	1 658.60
2009Q2	1 879.21
2009Q3	2 184.36
2009Q4	2 457.58
2010Q1	2 485.83
2010Q2	2 877.60
2010Q3	3 716.79
2010Q4	4 491.61
2011Q1	4 737.82
2011Q2	5 851.06
2011Q3	6 932.16
2011Q4	8 129.56
2012Q1	7 520.86
2012Q2	8 612.12
2012Q3	10 035.47
2012Q4	11 386.69
2013Q1	13 520.20
2013Q2	15 309.18
2013Q3	17 018.12
2013Q4	18 423.61
2014Q1	18 844.78
2014Q2	20 449.56

表17　信用卡逾期半年未偿信贷总额

单位：亿元

时期	金额
2008Q1	21.32
2008Q2	24.96
2008Q3	32.79
2008Q4	33.78
2009Q1	49.70
2009Q2	57.72
2009Q3	74.25
2009Q4	76.96
2010Q1	88.04
2010Q2	73.02
2010Q3	79.20
2010Q4	76.89
2011Q1	82.07
2011Q2	99.29
2011Q3	106.52
2011Q4	110.31
2012Q1	120.35
2012Q2	132.64
2012Q3	144.32
2012Q4	146.59
2013Q1	170.33
2013Q2	196.21
2013Q3	226.17
2013Q4	251.92
2014Q1	281.95
2014Q2	321.24

表 18　汇兑业务量

单位：万笔、亿元

时期	笔数	金额
2008Q1	17 055. 24	638 150. 34
2008Q2	18 092. 76	626 008. 30
2008Q3	18 935. 93	606 587. 33
2008Q4	19 943. 04	597 242. 89
2009Q1	17 893. 89	576 412. 45
2009Q2	20 131. 28	622 337. 34
2009Q3	21 204. 57	725 810. 08
2009Q4	22 590. 59	777 348. 09
2010Q1	21 807. 20	799 622. 00
2010Q2	24 947. 91	850 888. 44
2010Q3	26 859. 14	945 254. 41
2010Q4	28 589. 54	1 031 435. 11
2011Q1	26 215. 38	1 016 052. 84
2011Q2	28 550. 07	1 122 164. 83
2011Q3	30 372. 12	1 206 660. 75
2011Q4	32 124. 95	1 315 398. 52
2012Q1	30 898. 53	1 329 306. 20
2012Q2	34 204. 74	1 479 606. 05
2012Q3	36 623. 27	1 620 012. 96
2012Q4	39 273. 53	1 861 151. 93
2013Q1	38 983. 44	1 953 295. 69
2013Q2	43 907. 33	2 107 512. 12
2013Q3	47 655. 65	2 291 476. 56
2013Q4	53 170. 86	2 451 895. 06
2014Q1	53 912. 70	2 529 236. 19
2014Q2	59 398. 49	2 750 666. 39

表 19　2014 年第二季度支付系统业务量统计

单位：万笔、亿元、%

系统名称	笔数	金额	笔数占比	金额占比
大额实时支付系统	17 234. 78	6 157 364. 67	2. 36	71. 02
小额批量支付系统	33 575. 79	52 180. 96	4. 60	0. 60
网上支付跨行清算系统	35 901. 82	40 033. 82	4. 92	0. 46
同城票据清算系统	9 389. 78	154 070. 38	1. 29	1. 78
境内外币支付系统	49. 28	13 006. 89	0. 01	0. 15
全国支票影像交换系统	263. 27	1 282. 44	0. 04	0. 01
银行业金融机构行内支付系统	340 809. 62	2 163 213. 57	46. 69	24. 95
银行卡跨行支付系统	287 729. 20	81 478. 03	39. 42	0. 94
城市商业银行支付清算系统	32. 35	739. 96	0. 00	0. 01
农信银支付清算系统	4 902. 47	6 826. 65	0. 67	0. 08
合计	729 888. 36	8 670 197. 37	100. 00	100. 00

表 20　大额实时支付系统业务量统计

单位：万笔、万亿元

时期	笔数	金额
2008Q1	4 625.95	159.93
2008Q2	5 271.81	160.55
2008Q3	5 562.37	160.92
2008Q4	5 946.39	158.83
2009Q1	5 139.85	162.49
2009Q2	5 889.00	191.00
2009Q3	6 670.00	224.00
2009Q4	7 102.00	226.00
2010Q1	6 721.00	234.00
2010Q2	6 915.00	256.00
2010Q3	7 325.00	306.00
2010Q4	8 162.00	308.00
2011Q1	7 077.00	306.00
2011Q2	8 824.00	337.00
2011Q3	9 879.17	348.00
2011Q4	10 830.15	363.95
2012Q1	10 014.81	378.47
2012Q2	11 179.41	446.41
2012Q3	12 559.00	463.00
2012Q4	13 281.97	483.62
2013Q1	12 747.40	504.31
2013Q2	13 933.16	517.40
2013Q3	15 790.04	520.15
2013Q4	17 078.07	518.90
2014Q1	15 965.18	533.20
2014Q2	17 234.78	615.74

表 21　小额批量支付系统业务量统计

单位：万笔、亿元

时期	笔数	金额
2008Q1	1 682.12	3 165.17
2008Q2	3 300.88	9 981.71
2008Q3	6 248.94	21 262.93
2008Q4	4 345.75	17 719.63
2009Q1	4 132.21	29 141.17
2009Q2	5 083.02	25 422.96
2009Q3	6 270.27	27 487.79
2009Q4	7 095.03	32 565.12
2010Q1	6 766.13	37 999.87
2010Q2	8 783.28	39 791.01
2010Q3	10 716.91	39 581.41
2010Q4	12 313.98	43 977.83
2011Q1	11 277.71	47 872.24
2011Q2	13 257.72	45 341.42
2011Q3	14 093.35	44 965.90
2011Q4	15 711.79	46 369.20
2012Q1	15 452.99	49 734.04
2012Q2	17 600.66	43 777.65
2012Q3	20 166.35	44 965.02
2012Q4	22 184.25	46 346.56
2013Q1	20 927.75	57 825.65
2013Q2	24 114.78	46 609.36
2013Q3	28 095.01	47 946.52
2013Q4	30 890.12	50 772.98
2014Q1	29 177.23	52 652.88
2014Q2	33 575.79	52 180.96

表 22　同城票据清算系统业务量统计

单位：万笔、亿元

时期	笔数	金额
2008Q1	9 951. 69	180 197. 64
2008Q2	10 402. 96	183 655. 23
2008Q3	10 988. 79	177 879. 09
2008Q4	11 477. 26	177 656. 09
2009Q1	9 823. 21	165 247. 20
2009Q2	10 510. 63	161 067. 07
2009Q3	11 206. 35	174 035. 83
2009Q4	11 503. 18	193 711. 64
2010Q1	10 937. 45	179 662. 73
2010Q2	11 268. 35	178 751. 56
2010Q3	11 328. 28	174 404. 28
2010Q4	11 423. 42	199 086. 85
2011Q1	10 008. 08	175 477. 45
2011Q2	10 365. 57	173 227. 18
2011Q3	10 615. 07	173 701. 46
2011Q4	10 814. 31	187 078. 61
2012Q1	9 106. 16	155 724. 10
2012Q2	9 523. 85	160 753. 46
2012Q3	10 255. 71	166 962. 41
2012Q4	10 147. 88	179 061. 00
2013Q1	10 153. 76	173 377. 22
2013Q2	10 322. 94	165 206. 78
2013Q3	10 641. 96	166 310. 24
2013Q4	10 752. 83	177 992. 65
2014Q1	9 210. 37	158 601. 28
2014Q2	9 389. 78	154 070. 38

表 23　境内外币支付系统业务量统计

单位：万笔、亿元

时期	笔数	金额（折合人民币）	金额（折合美元）
2010Q1	10. 03	1 440. 04	210. 95
2010Q2	12. 45	1 980. 20	290. 02
2010Q3	15. 51	2 706. 01	399. 57
2010Q4	16. 49	3 380. 13	507. 53
2011Q1	15. 87	3 246. 38	494. 01
2011Q2	20. 02	3 893. 29	600. 58
2011Q3	16. 30	4 499. 79	704. 08
2011Q4	24. 05	5 464. 30	861. 83
2012Q1	22. 12	6 479. 90	1 028. 23
2012Q2	27. 58	8 406. 66	1 335. 57
2012Q3	30. 92	9 342. 56	1 473. 79
2012Q4	30. 43	9 385. 67	1 489. 79
2013Q1	28. 90	9 612. 85	1 530. 17
2013Q2	33. 33	10 400. 21	1 674. 87
2013Q3	37. 49	11 129. 75	1 803. 24
2013Q4	39. 72	13 152. 05	2 142. 86
2014Q1	38. 07	11 980. 18	1 961. 33
2014Q2	49. 28	13 006. 89	2 113. 98

表 24 银行业金融机构行内支付系统业务量统计

单位：万笔、亿元

时期	笔数	金额
2008Q1	65 845.71	918 901.55
2008Q2	71 433.04	972 931.81
2008Q3	74 012.38	869 691.33
2008Q4	76 938.81	677 484.60
2009Q1	72 757.24	645 442.59
2009Q2	81 201.77	675 827.28
2009Q3	90 256.11	876 783.05
2009Q4	94 568.34	949 499.60
2010Q1	99 829.07	962 267.53
2010Q2	105 182.78	1 033 302.73
2010Q3	154 488.61	1 214 301.32
2010Q4	164 959.83	1 370 846.27
2011Q1	172 870.85	1 289 149.22
2011Q2	171 171.85	1 257 771.07
2011Q3	185 941.35	1 363 861.11
2011Q4	199 092.73	1 395 039.72
2012Q1	204 460.10	1 439 891.61
2012Q2	214 398.51	1 509 291.72
2012Q3	229 758.64	1 625 050.15
2012Q4	256 256.58	1 671 360.16
2013Q1	240 139.26	1 605 174.86
2013Q2	269 715.06	1 833 255.37
2013Q3	268 033.84	1 891 426.26
2013Q4	298 027.34	2 122 367.95
2014Q1	298 958.06	2 082 914.45
2014Q2	340 809.62	2 163 213.57

表 25 银行卡跨行支付系统业务量统计

单位：万笔、亿元

时期	笔数	金额
2008Q1	78 013.17	9 825.06
2008Q2	85 027.99	11 012.85
2008Q3	94 442.11	12 055.10
2008Q4	102 260.23	12 616.46
2009Q1	100 493.93	14 403.95
2009Q2	108 967.40	17 606.60
2009Q3	117 198.15	20 890.28
2009Q4	126 147.37	23 735.43
2010Q1	123 303.10	23 591.55
2010Q2	134 455.43	25 183.75
2010Q3	144 466.80	28 129.79
2010Q4	155 440.76	34 942.24
2011Q1	152 620.01	33 029.98
2011Q2	165 594.07	36 098.72
2011Q3	178 707.37	39 996.92
2011Q4	190 876.18	41 021.18
2012Q1	184 162.94	40 859.61
2012Q2	201 439.06	46 335.40
2012Q3	215 473.42	52 438.91
2012Q4	226 220.30	57 802.71
2013Q1	221 099.55	60 650.29
2013Q2	240 463.75	65 354.75
2013Q3	257 135.92	71 684.62
2013Q4	272 657.08	80 286.70
2014Q1	263 054.31	78 512.58
2014Q2	287 729.20	81 478.03

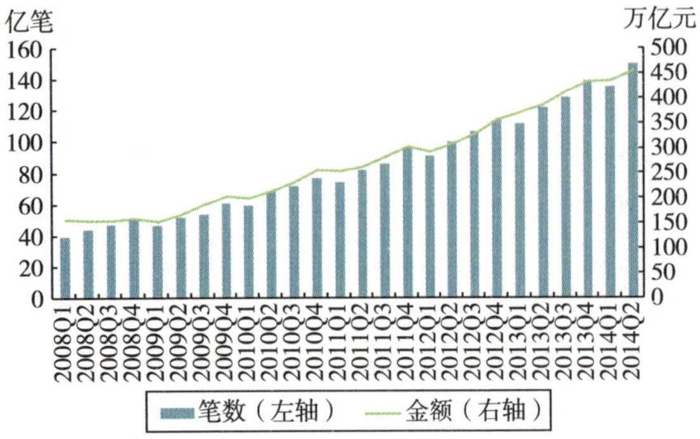

图 1　2008 年第一季度以来非现金支付业务量增长趋势

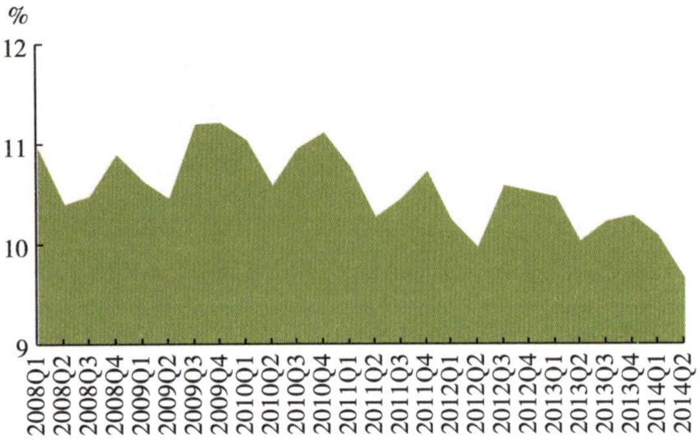

图 2　2008 年第一季度以来 M0 占 GDP 比例趋势

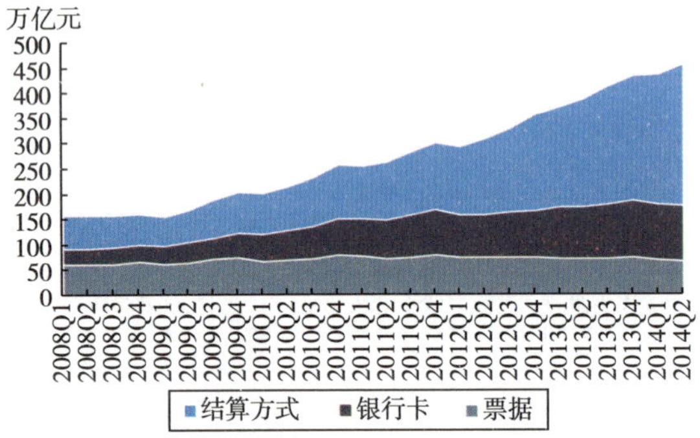

图 3　2008 年第一季度以来非现金支付工具金额增长趋势

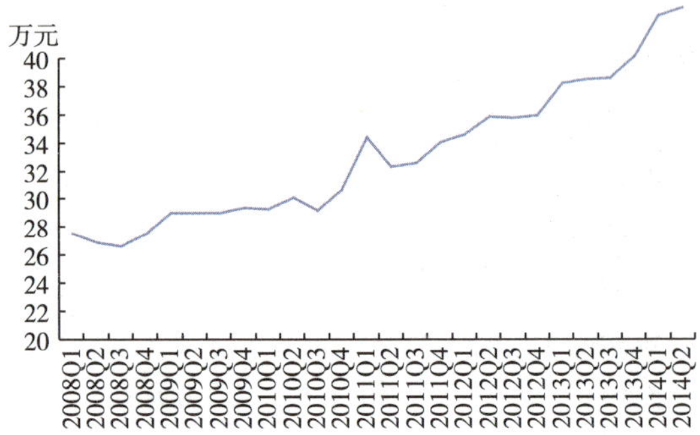

图 4　2008 年第一季度以来单笔支票金额趋势

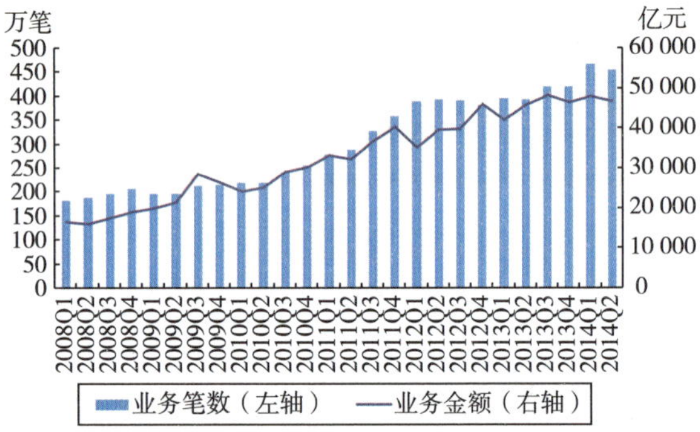

图 5　2008 年第一季度以来商业汇票业务量趋势

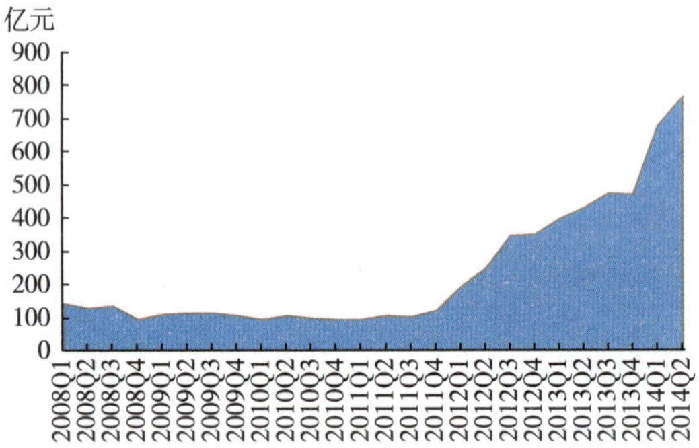

图 6　2008 年第一季度以来商业汇票逾期垫款金额趋势

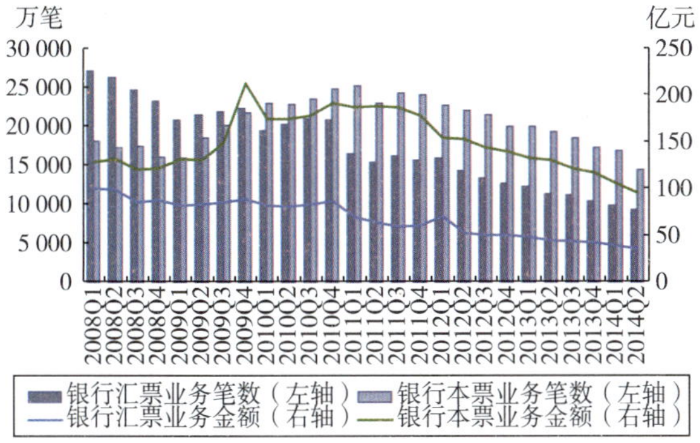

图 7　2008 年第一季度以来银行汇票、本票业务量趋势

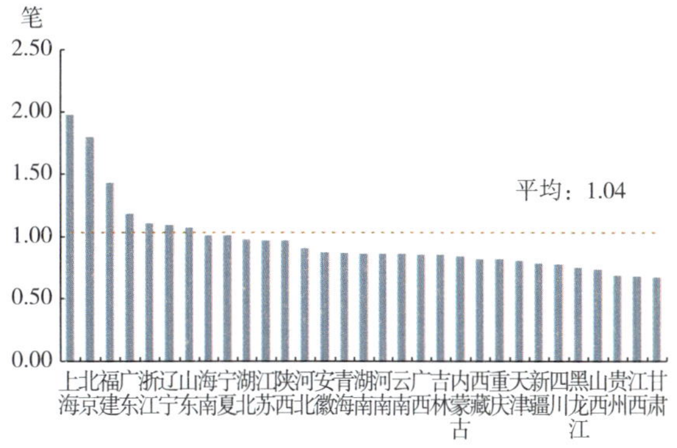

图 10　2014 年第二季度各省（自治区、直辖市）银行卡卡均消费笔数

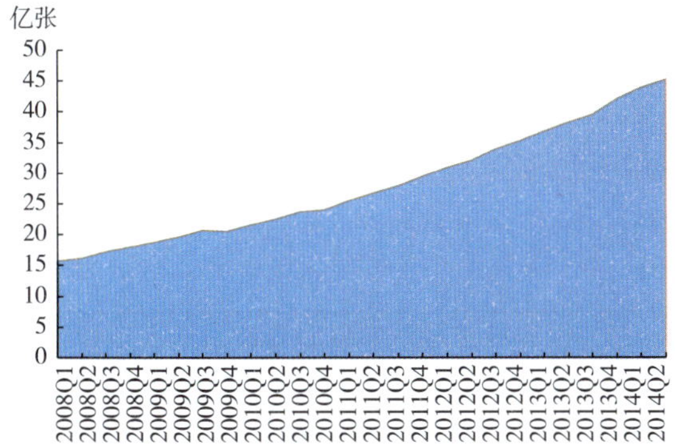

图 8　2008 年第一季度以来银行卡累计发卡数量

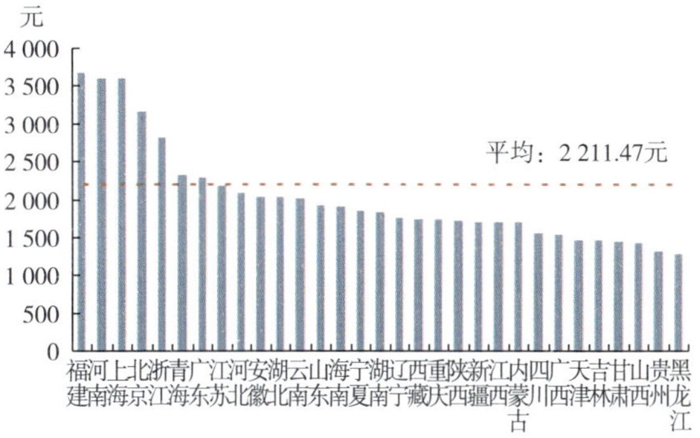

图 11　2014 年第二季度各省（自治区、直辖市）银行卡卡均消费金额

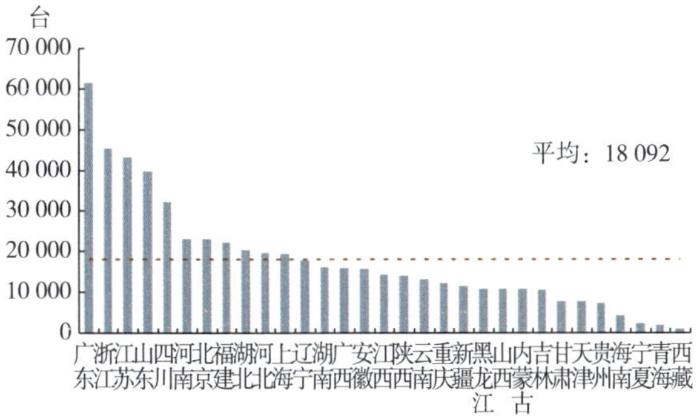

图 9　2014 年第二季度末各省（自治区、直辖市）ATM 数量

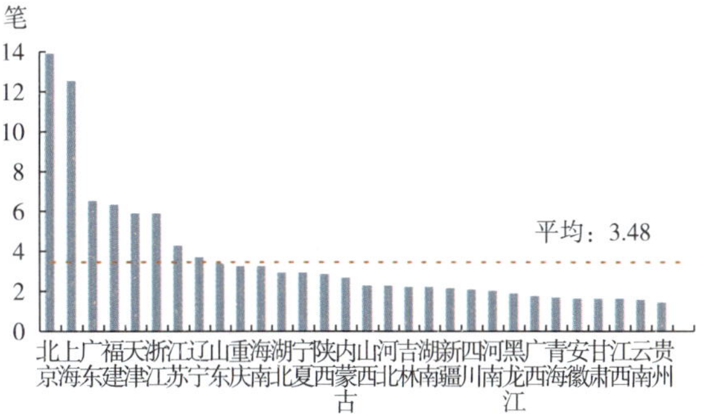

图 12　2014 年第二季度各省（自治区、直辖市）银行卡人均消费笔数

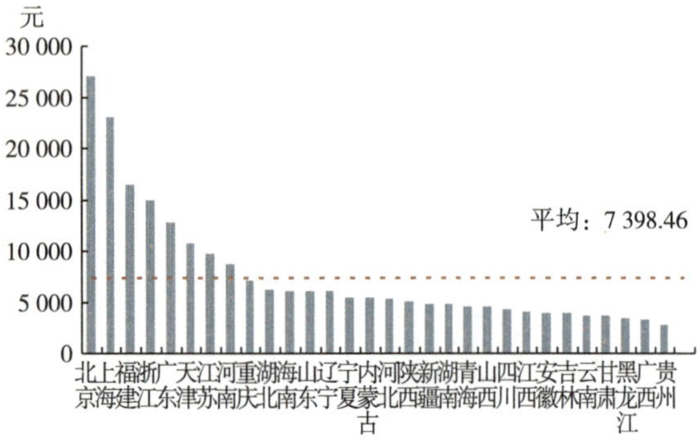

图 13 2014 年第二季度各省（自治区、直辖市）银行卡人均消费金额

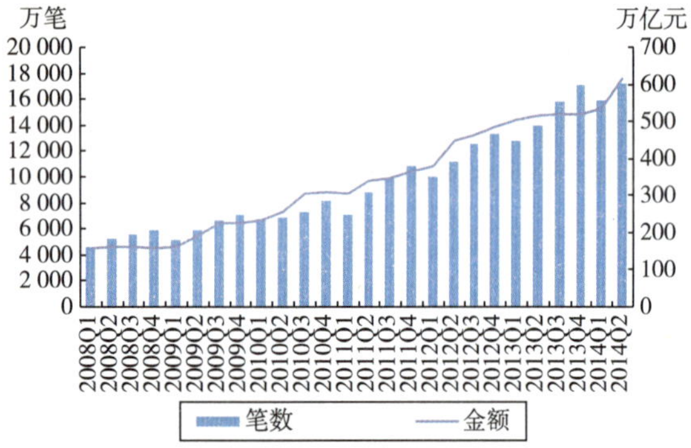

图 14 大额实时支付系统业务量季度变动趋势

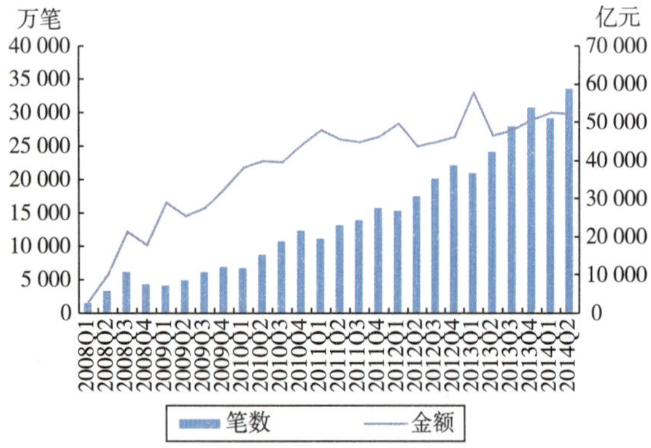

图 15 小额批量支付系统业务量季度变动趋势

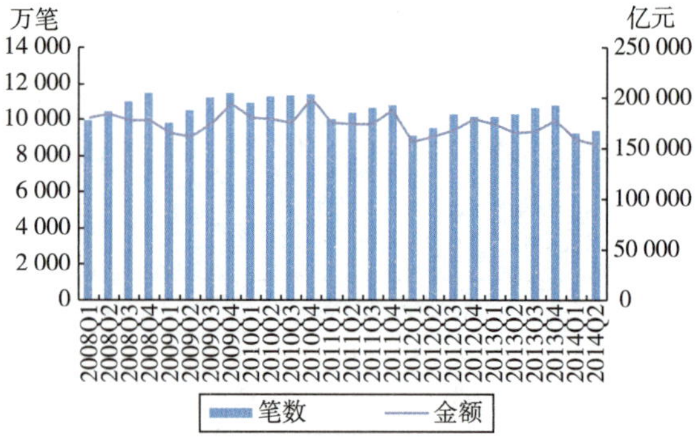

图 16 同城票据清算系统业务量季度变动趋势

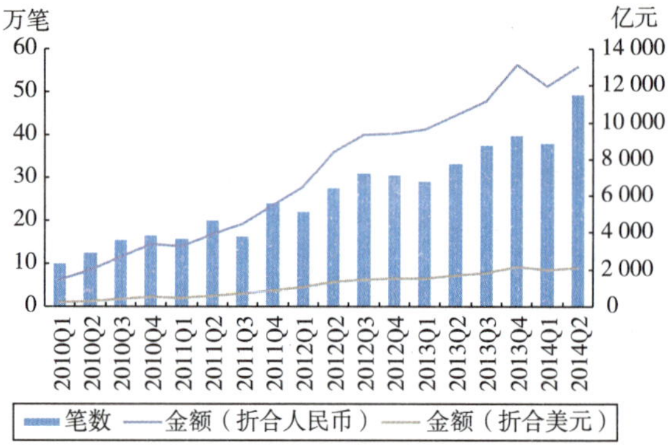

图 17 境内外币支付系统业务量季度变动趋势

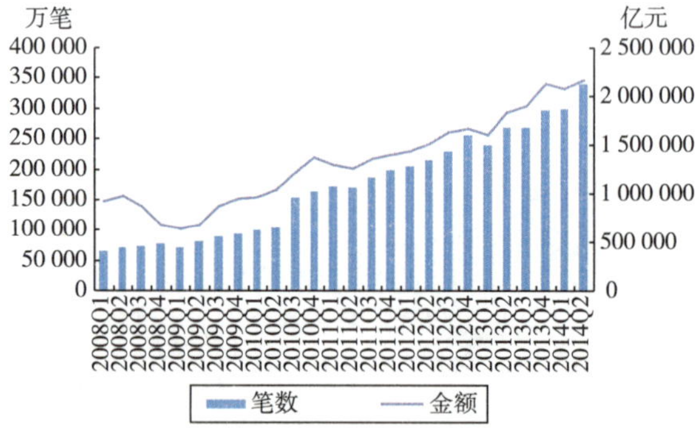

图 18 银行业金融机构行内支付系统业务量季度变动趋势

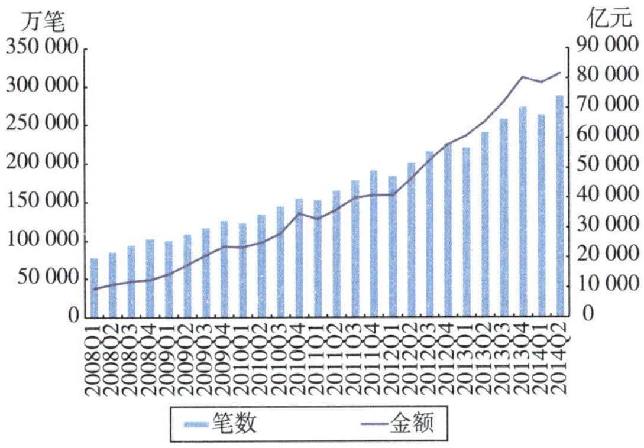

图 19　银行卡跨行支付系统业务量变化趋势

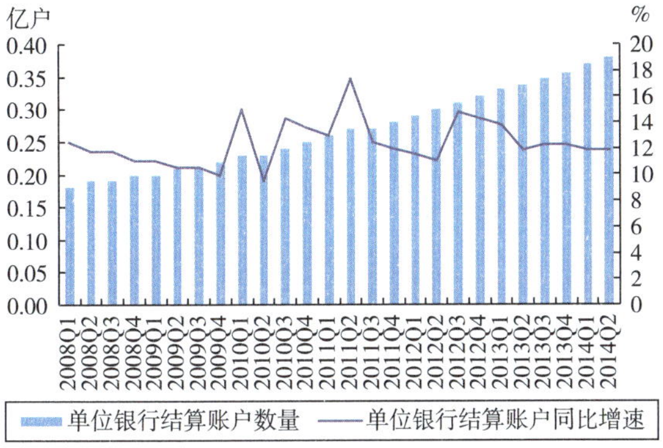

图 20　单位银行结算账户数量变动趋势

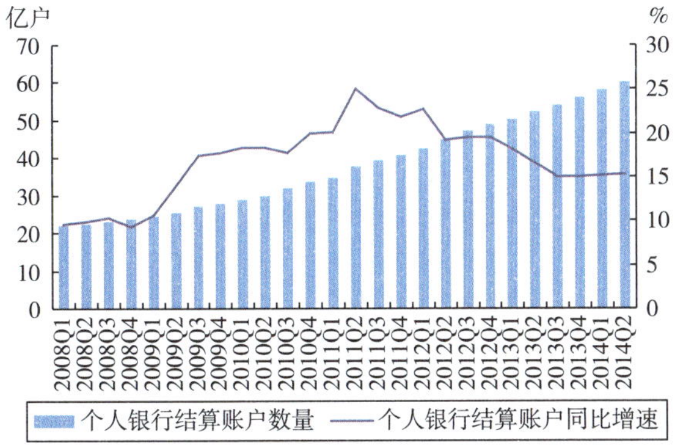

图 21　个人银行结算账户数量变动趋势

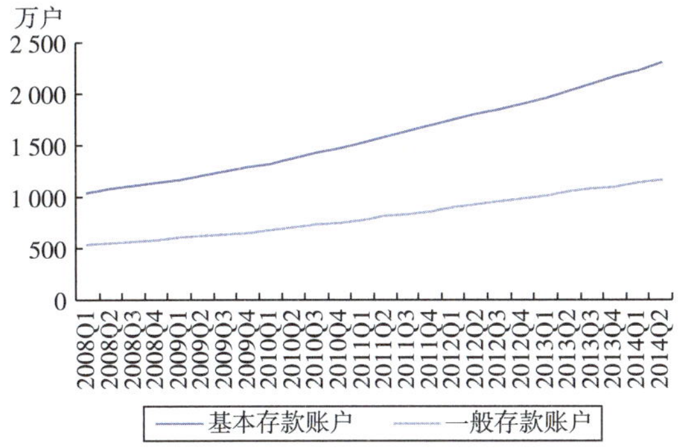

图 22　账户数量变动趋势（基本、一般存款）

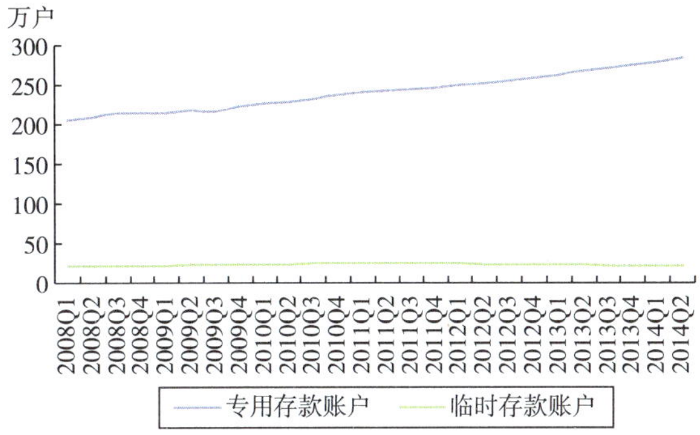

图 23　账户数量变动趋势（临时、专用存款）

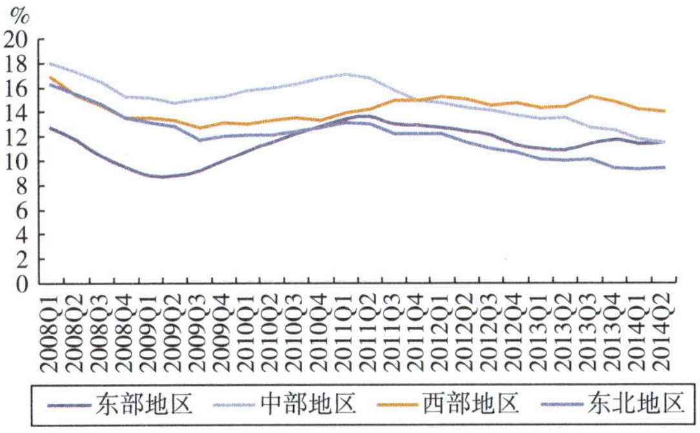

图 24　各地区单位银行结算账户同比增速趋势对比

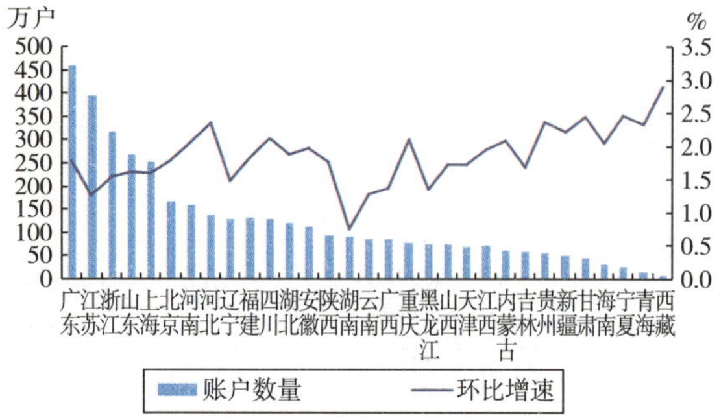

图 25　单位银行结算账户地区分布

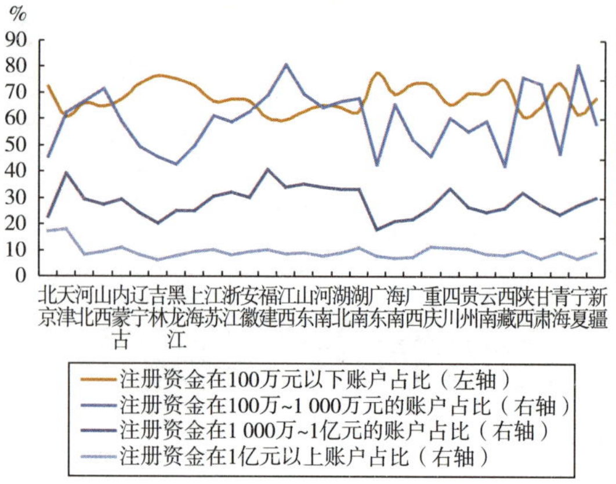

图 26　各地区不同注册资金规模账户情况

附录二

支付业务报表

一、非现金支付工具类报表

全国非现金支付工具结构情况季报表

2014 年第二季度　　　　单位：万笔、亿元

业务类别	项目	笔数	金额
票据	银行汇票	77.88	4 266.11
	其中：现金银行汇票	0.99	11.94
	转账银行汇票	76.89	4 254.17
	商业汇票	454.81	46 733.42
	其中：商业承兑汇票	5.43	1 878.13
	银行承兑汇票	449.38	44 855.29
	银行本票	121.01	11 552.06
	其中：现金本票	0.42	13.24
	转账本票	120.59	11 538.82
	支票	13 874.88	606 235.29
	其中：现金支票	4 494.63	35 278.92
	转账支票	9 380.25	570 956.37
	其中：单位支票	13 655.02	605 003.66
	个人支票	219.86	1 231.63
	国内信用证	2.40	4 969.91
	合计	14 530.98	673 756.79
银行卡	存现	217 047.54	173 317.97
	取现	487 928.94	181 495.96
	其中：ATM 取现	340 011.95	53 003.76
	消费	471 739.33	100 393.35
	转账	252 375.08	640 565.08
	合计	1 429 090.89	1 095 772.36
结算方式	汇兑	59 398.49	2 750 666.39
	托收承付	13.83	1 751.31
	委托收款	780.39	40 068.66
	其中：同城特约委托收款	437.91	1 794.86
	商业承兑汇票	6.65	2 734.43
	银行承兑汇票	331.87	35 179.17
	合计	60 192.71	2 792 486.36

政策性银行非现金支付工具结构情况季报表

2014 年第二季度　　　　单位：万笔、亿元

业务类别	项目	笔数	金额
票据	银行汇票	0.01	15.84
	其中：现金银行汇票		
	转账银行汇票	0.01	15.84
	商业汇票	0.47	206.52
	其中：商业承兑汇票		
	银行承兑汇票	0.47	206.52
	银行本票	0.01	4.82
	其中：现金本票		
	转账本票	0.01	4.82
	支票	28.66	6 508.16
	其中：现金支票	10.01	240.51
	转账支票	18.65	6 267.65
	其中：单位支票	28.66	6 508.16
	个人支票		
	国内信用证	0.02	84.45
	合计	29.17	6 819.79
银行卡	存现		
	取现		
	其中：ATM 取现		
	消费		
	转账		
	合计		
结算方式	汇兑	44.46	14 912.08
	托收承付	0.00	0.00
	委托收款	0.52	154.05
	其中：同城特约委托收款	0.07	2.14
	商业承兑汇票	0.00	0.00
	银行承兑汇票	0.45	151.91
	合计	44.98	15 066.13

国有商业银行非现金支付工具结构情况季报表

2014 年第二季度　　　　单位：万笔、亿元

业务类别	项目	笔数	金额
票据	银行汇票	72.12	3 615.92
	其中：现金银行汇票	0.86	6.64
	转账银行汇票	71.26	3 609.28
	商业汇票	76.62	7 472.35
	其中：商业承兑汇票	1.76	211.48
	银行承兑汇票	74.86	7 260.87
	银行本票	76.09	6 168.30
	其中：现金本票	0.41	12.92
	转账本票	75.68	6 155.38
	支票	8 466.62	345 176.20
	其中：现金支票	2 594.58	22 718.93
	转账支票	5 872.04	322 457.27
	其中：单位支票	8 297.11	344 405.37
	个人支票	169.51	770.83
	国内信用证	0.93	1 145.19
	合计	8 692.38	363 577.96
银行卡	存现	120 322.47	86 549.72
	取现	278 495.89	97 131.40
	其中：ATM 取现	211 814.52	33 184.93
	消费	293 123.59	58 774.64
	转账	163 456.54	331 369.97
	合计	855 398.49	573 825.73
结算方式	汇兑	38 152.11	1 246 200.34
	托收承付	10.62	903.63
	委托收款	367.95	9 998.94
	其中：同城特约委托收款	224.29	1 061.02
	商业承兑汇票	2.91	374.07
	银行承兑汇票	139.82	8 500.18
	合计	38 530.68	1 257 102.91

股份制商业银行非现金支付工具结构情况季报表

2014 年第二季度　　　　单位：万笔、亿元

业务类别	项目	笔数	金额
票据	银行汇票	1.51	241.51
	其中：现金银行汇票	0.00	0.00
	转账银行汇票	1.51	241.51
	商业汇票	203.53	25 403.30
	其中：商业承兑汇票	2.80	1 404.43
	银行承兑汇票	200.73	23 998.87
	银行本票	14.72	2 244.83
	其中：现金本票	0.00	0.26
	转账本票	14.72	2 244.57
	支票	1 259.44	121 703.34
	其中：现金支票	303.32	1 538.76
	转账支票	956.12	120 164.58
	其中：单位支票	1 242.40	121 599.65
	个人支票	17.04	103.69
	国内信用证	1.38	3 565.49
	合计	1 480.58	153 158.47
银行卡	存现	30 064.55	21 892.74
	取现	38 663.81	12 759.29
	其中：ATM 取现	28 550.18	4 309.25
	消费	141 336.24	26 440.15
	转账	37 468.14	180 043.71
	合计	247 532.74	241 135.89
结算方式	汇兑	6 086.80	947 990.01
	托收承付	2.61	775.76
	委托收款	183.87	20 686.10
	其中：同城特约委托收款	98.31	360.94
	商业承兑汇票	2.34	1 929.18
	银行承兑汇票	82.53	18 288.36
	合计	6 273.28	969 451.87

2014 年

项目/行别	银行卡数量								
	当期发卡数量				期末卡数量				
	贷记卡	准贷记卡	借记卡	小计	贷记卡	准贷记卡	借记卡	小计	睡眠卡
政策性银行	0.00	0.00	0.00	0.00	0.00	0.00	0.00	0.00	0.00
国有商业银行	1 059.04	236.22	6 100.86	7 396.12	19 173.53	4 954.39	210 138.01	234 265.93	43 912.56
股份制商业银行	1 006.88		1 894.21	2 901.09	16 051.00	146.60	46 574.61	62 772.21	14 250.03
城市商业银行	54.67	1.27	1 079.59	1 135.53	869.92	22.45	23 281.45	24 173.82	5 583.91
农村商业银行	24.08	0.85	1 346.70	1 371.63	279.66	25.10	27 626.52	27 931.28	5 205.74
城市信用社	0.00	0.00	0.00	0.00	0.00	0.00	0.00	0.00	0.00
农村信用社	7.91		2 237.84	2 245.75	58.57		34 556.02	34 614.59	2 696.09
外资银行	13.53		6.97	20.50	62.41		188.25	250.66	45.73
中国邮政储蓄银行	42.32		2 825.58	2 867.90	547.88		69 410.60	69 958.48	12 297.33
合计	2 208.43	238.34	15 491.75	17 938.52	37 042.97	5 148.54	411 775.46	453 966.97	83 991.39

注：表中数据为0.00表示该项数据小于0.005且大于0。

情况季报表

第二季度　　　　单位：万张、万笔、亿元、万台

资金交易情况										ATM数量
存现		取现		消费		转账		小计		
笔数	金额	笔数	金额	笔数	金额	笔数	金额	笔数	金额	
0. 00	0. 00	0. 00	0. 00	0. 00	0. 00	0. 00	0. 00	0. 00	0. 00	0. 00
120 322. 47	86 549. 72	278 495. 89	97 131. 40	293 123. 59	58 774. 64	163 456. 54	331 369. 97	855 398. 49	573 825. 73	30. 54
30 064. 55	21 892. 74	38 663. 81	12 759. 29	141 336. 24	26 440. 15	37 468. 14	180 043. 71	247 532. 74	241 135. 89	7. 49
7 288. 08	10 435. 28	20 357. 46	10 740. 22	9 298. 67	3 860. 26	9 973. 89	31 311. 92	46 918. 10	56 347. 68	2. 88
12 445. 58	16 149. 51	32 313. 67	17 470. 56	6 315. 50	4 299. 95	18 010. 04	45 486. 54	69 084. 79	83 406. 56	4. 99
0. 00	0. 00	0. 00	0. 00	0. 00	0. 00	0. 00	0. 00	0. 00	0. 00	0. 00
14 327. 83	17 219. 06	36 368. 49	21 868. 14	4 131. 01	3 265. 03	14 499. 02	36 846. 74	69 326. 35	79 198. 97	4. 82
44. 80	56. 71	232. 44	55. 04	293. 01	91. 82	68. 13	421. 88	638. 38	625. 45	0. 08
32 554. 23	21 014. 95	81 497. 18	21 471. 31	17 241. 31	3 661. 50	8 899. 32	15 084. 32	140 192. 04	61 232. 08	5. 27
217 047. 54	173 317. 97	487 928. 94	181 495. 96	471 739. 33	100 393. 35	252 375. 08	640 565. 08	1 429 090. 89	1 095 772. 36	56. 07

二、支付系统类报表

大额实时支付系统地区间

2014 年

资金流入 / 资金流出	北京市		天津市	
	笔数	金额	笔数	金额
北京市	424.73	678 429.27	17.98	26 445.08
天津市	15.28	26 363.28	139.33	29 710.59
河北省	33.14	24 421.42	14.50	2 426.26
山西省	9.13	10 472.01	2.04	571.83
内蒙古自治区	10.98	19 567.05	1.79	600.39
辽宁省	19.55	41 036.42	5.62	3 053.37
吉林省	6.68	20 252.60	1.40	291.91
黑龙江省	8.62	14 390.07	1.50	270.73
上海市	58.44	236 140.87	10.48	7 720.35
江苏省	25.05	79 056.05	5.95	1 881.31
浙江省	24.80	67 073.08	5.23	2 619.01
安徽省	7.67	16 305.80	1.42	199.94
福建省	9.63	42 712.51	2.03	1 789.57
江西省	4.81	12 886.96	0.69	279.18
山东省	26.69	43 178.27	8.69	1 523.68
河南省	11.98	23 025.56	2.42	428.36
湖北省	8.84	25 146.36	1.73	419.71
湖南省	7.08	17 591.03	1.01	784.66
广东省	22.76	103 461.88	4.27	2 473.14
海南省	2.14	4 248.63	0.26	34.78
广西壮族自治区	3.41	11 491.80	0.41	101.85
重庆市	4.79	21 919.91	0.80	591.47
四川省	10.77	33 590.28	1.52	1 037.94
贵州省	3.25	6 226.43	0.43	92.06
云南省	4.22	15 703.50	0.62	100.54
西藏自治区	0.34	1 269.44	0.03	24.35
陕西省	6.87	14 040.94	1.13	218.32
甘肃省	3.42	8 013.70	0.56	173.86
青海省	0.92	2 270.69	0.12	22.73
宁夏回族自治区	1.78	3 206.78	0.41	118.61
新疆维吾尔自治区	3.78	9 153.79	0.61	203.61
深圳市	23.18	79 467.28	4.74	3 575.40
合计	804.72	1 712 113.63	239.72	89 784.60

资金流量流向情况季报表

第二季度　　　　　　　　　　　　　　　　　　　　　　　　单位：万笔、亿元

河北省		山西省		内蒙古自治区	
笔数	金额	笔数	金额	笔数	金额
36.61	23 313.73	8.24	10 385.13	7.77	18 849.96
11.78	2 010.56	1.35	595.43	1.12	552.66
435.98	46 945.07	4.22	715.13	3.09	494.85
5.87	596.45	223.01	23 944.39	1.35	310.36
4.62	507.19	1.84	330.26	146.82	20 650.93
7.26	856.13	1.01	221.68	2.66	531.07
2.72	390.25	0.37	78.69	0.84	204.85
2.76	184.23	0.37	159.46	1.30	480.52
20.27	3 212.03	11.63	2 397.02	9.69	4 570.36
11.38	794.75	3.45	1 045.03	1.91	460.35
11.59	1 029.39	3.81	772.18	2.46	583.56
3.29	308.63	1.02	73.08	0.79	145.50
2.76	2 225.78	1.17	1 526.20	0.69	1 298.77
1.75	268.49	0.61	94.81	0.42	129.38
20.48	1 726.60	4.05	723.14	2.62	544.17
7.83	665.60	3.81	348.32	1.12	219.23
3.14	194.02	1.00	268.53	0.59	173.38
2.26	153.52	1.50	205.14	0.68	187.22
6.36	1 259.03	1.84	775.16	1.19	758.85
0.42	67.63	0.20	39.26	0.12	28.84
0.92	117.03	0.29	190.33	0.21	74.34
1.62	234.19	0.61	205.62	0.29	214.55
2.97	649.31	1.38	148.79	0.79	1 582.98
0.92	179.02	0.35	51.98	0.17	27.43
1.60	151.56	0.50	162.50	0.64	247.70
0.07	14.19	0.02	6.79	0.02	5.48
2.47	196.52	2.21	260.63	1.45	427.08
1.35	162.21	0.51	84.07	0.56	152.98
0.29	21.64	0.11	16.64	0.09	18.37
0.86	70.43	0.29	24.15	1.27	134.02
1.44	193.33	0.36	105.96	0.25	54.03
4.08	1 529.29	1.59	959.10	1.20	1 734.47
617.75	90 227.80	282.72	46 914.61	194.14	55 848.23

资金流出 \ 资金流入	辽宁省		吉林省	
	笔数	金额	笔数	金额
北京市	15.29	40 562.15	5.63	19 315.67
天津市	3.06	3 002.33	0.79	290.94
河北省	4.96	704.18	1.74	310.58
山西省	1.24	327.21	0.51	86.52
内蒙古自治区	3.68	489.21	1.52	182.78
辽宁省	279.19	52 967.91	5.81	1 178.63
吉林省	8.48	1 401.38	131.80	29 579.94
黑龙江省	6.83	1 393.09	3.50	459.80
上海市	22.67	7 534.23	5.38	3 266.92
江苏省	6.52	1 629.63	2.33	1 238.24
浙江省	7.61	2 374.69	3.03	871.25
安徽省	1.53	368.61	0.75	72.28
福建省	2.23	5 061.58	0.89	1 387.87
江西省	0.90	323.11	0.59	343.35
山东省	7.31	1 474.64	2.86	820.67
河南省	2.30	345.72	1.05	158.08
湖北省	1.61	412.15	0.72	190.21
湖南省	1.12	499.36	0.71	126.90
广东省	5.30	2 603.20	1.75	588.00
海南省	0.40	42.46	0.19	80.78
广西壮族自治区	0.66	118.38	0.34	64.22
重庆市	0.79	369.32	0.40	279.78
四川省	1.67	708.63	1.18	202.43
贵州省	0.44	93.11	0.35	64.24
云南省	1.60	519.64	0.55	81.38
西藏自治区	0.03	35.09	0.02	5.77
陕西省	1.10	371.04	0.51	160.56
甘肃省	0.57	310.80	0.25	70.43
青海省	0.12	23.93	0.07	5.92
宁夏回族自治区	0.26	212.36	0.13	46.53
新疆维吾尔自治区	0.60	115.43	0.23	37.16
深圳市	6.37	4 198.28	1.57	1 313.07
合计	396.45	130 592.86	177.14	62 880.91

资金流量流向情况季报表

第二季度　　　　　　　　　　　　　　　　　　　　　　　　　　单位：万笔、亿元

黑龙江省		上海市		江苏省	
笔数	金额	笔数	金额	笔数	金额
7.37	14 281.77	51.42	231 927.43	29.39	78 204.97
0.97	361.08	8.93	7 588.95	6.50	2 017.99
1.68	208.07	9.04	2 672.55	9.25	713.65
0.49	180.26	4.17	2 450.45	3.90	910.99
2.19	463.30	3.28	4 906.62	2.77	458.91
5.29	1 300.44	13.31	7 336.29	8.37	1 706.53
3.25	489.69	4.25	3 451.34	2.92	1 104.10
158.09	18 304.79	4.96	2 682.33	3.05	475.69
8.95	2 417.37	349.27	209 383.94	114.76	27 486.58
1.89	404.96	115.56	27 585.44	1 024.46	145 147.64
2.52	618.35	100.73	24 206.15	84.00	12 759.48
0.75	131.46	18.50	4 009.20	30.58	2 081.27
0.69	1 164.34	16.52	18 405.86	12.54	6 712.22
0.40	132.53	8.06	2 514.02	7.38	1 078.17
2.98	666.67	25.82	10 925.59	35.18	4 357.71
0.86	219.16	10.51	3 232.91	11.36	1 033.73
0.70	303.42	12.08	4 466.93	11.06	1 773.40
0.49	204.83	7.69	3 837.69	6.10	920.08
1.85	1 014.89	34.33	35 188.59	24.28	6 906.68
0.39	33.69	1.88	679.22	1.08	114.74
0.28	92.96	4.01	2 000.18	2.79	486.84
0.36	726.36	6.85	3 439.08	4.82	1 240.41
0.88	463.17	12.20	5 715.82	7.85	1 758.01
0.23	22.28	3.22	1 115.76	2.42	259.61
0.40	81.61	4.39	3 396.85	3.28	294.43
0.01	3.27	0.14	42.29	0.12	54.14
0.43	152.90	5.99	3 188.49	4.74	1 104.64
0.23	139.00	2.51	2 458.44	2.13	883.63
0.05	4.60	0.56	376.06	0.58	84.68
0.10	18.90	1.25	233.74	1.05	151.72
0.24	61.85	2.68	1 383.78	2.51	412.21
1.91	1 017.50	29.32	32 483.00	19.19	9 169.18
206.93	45 685.51	873.42	663 284.98	1 480.43	311 864.05

2014 年

资金流入 / 资金流出	浙江省		安徽省	
	笔数	金额	笔数	金额
北京市	29.91	66 913.80	31.03	41 601.28
天津市	4.34	2 706.05	6.42	1 453.06
河北省	7.87	985.15	15.31	1 594.40
山西省	3.31	613.75	4.44	717.36
内蒙古自治区	2.51	636.96	4.20	541.01
辽宁省	8.17	2 046.39	7.93	1 455.84
吉林省	3.41	595.97	3.07	780.17
黑龙江省	3.58	728.93	3.91	591.63
上海市	79.04	24 756.08	28.99	11 515.00
江苏省	72.04	12 661.00	34.68	4 705.19
浙江省	1 228.37	133 795.16	24.27	3 428.07
安徽省	18.81	1 673.05	7.79	723.72
福建省	16.68	4 701.93	5.97	3 578.77
江西省	12.88	2 257.38	3.16	810.07
山东省	23.83	3 351.35	993.60	102 207.96
河南省	9.81	936.39	11.15	1 007.97
湖北省	10.31	1 299.30	5.03	643.70
湖南省	7.24	2 992.50	3.38	553.08
广东省	29.63	6 060.67	12.57	2 732.18
海南省	1.15	116.72	0.64	92.92
广西壮族自治区	3.59	489.37	2.02	337.59
重庆市	4.95	1 531.04	2.47	2 314.54
四川省	8.48	3 317.50	4.86	1 795.25
贵州省	3.31	346.55	1.36	488.88
云南省	5.11	660.21	2.24	461.52
西藏自治区	0.13	29.70	0.10	19.40
陕西省	4.44	1 181.12	3.27	995.47
甘肃省	2.36	523.75	1.78	387.96
青海省	0.65	226.35	0.38	92.72
宁夏回族自治区	0.97	90.32	1.00	249.27
新疆维吾尔自治区	2.89	1 409.69	2.08	344.14
深圳市	25.58	11 093.70	11.84	4 627.15
合计	1 635.33	290 727.81	1 240.96	192 847.24

资金流量流向情况季报表

第二季度 单位：万笔、亿元

福建省		江西省		山东省	
笔数	金额	笔数	金额	笔数	金额
16.35	22 130.40	11.52	24 922.11	8.10	17 526.41
1.80	470.34	1.07	326.94	0.62	649.47
5.67	619.76	2.94	194.21	1.49	138.53
4.53	356.10	1.52	208.30	0.85	151.80
1.97	356.95	1.04	175.36	0.50	96.95
2.31	318.25	1.87	465.20	1.00	495.26
1.05	138.71	0.87	172.07	0.38	87.29
1.16	214.00	1.07	113.33	0.49	267.46
16.88	4 458.95	14.52	5 005.22	8.84	4 349.58
11.33	905.10	9.52	1 333.96	4.35	958.97
10.16	961.76	10.21	1 550.48	6.67	2 544.35
4.96	194.69	3.99	460.21	1.80	384.25
3.09	1 420.49	3.81	1 823.93	2.45	1 989.65
2.26	186.90	4.25	854.84	4.34	641.01
10.17	843.17	4.92	614.21	2.48	604.41
450.84	47 719.65	5.61	523.60	2.01	300.99
5.55	501.76	348.03	45 640.12	4.58	1 483.40
2.91	320.41	6.03	1 530.99	347.97	29 150.27
9.20	1 104.59	11.58	1 959.40	19.20	2 555.58
0.45	27.45	0.53	35.76	0.60	56.49
1.21	81.57	1.60	96.74	2.55	555.87
1.50	817.47	2.91	543.33	1.68	952.39
3.48	527.65	3.62	494.56	2.11	770.66
1.04	158.86	1.52	219.49	2.47	242.39
1.76	104.07	1.73	149.09	1.55	275.92
0.09	16.29	0.10	55.17	0.06	192.58
3.64	453.41	2.06	570.65	0.93	397.05
1.36	274.93	0.90	209.12	0.54	217.59
0.36	28.61	0.29	29.58	0.16	7.16
0.51	53.25	0.39	33.63	0.21	42.20
1.54	185.41	0.95	117.36	0.62	99.84
6.83	1 290.92	9.81	2 170.97	9.76	1 869.61
585.96	87 241.88	470.77	92 599.94	441.33	70 055.36

资金流入 / 资金流出	河南省		湖北省	
	笔数	金额	笔数	金额
北京市	5.88	13 427.04	31.19	105 464.57
天津市	0.49	185.24	4.14	2 115.05
河北省	1.09	172.03	6.21	1 165.12
山西省	0.46	104.82	2.77	956.93
内蒙古自治区	0.44	139.38	2.77	746.77
辽宁省	0.90	250.33	7.26	2 517.87
吉林省	0.38	266.15	3.30	430.77
黑龙江省	0.42	99.63	4.10	980.01
上海市	8.38	2 525.01	43.70	32 709.39
江苏省	5.31	1 277.00	25.40	6 003.51
浙江省	12.11	2 018.55	36.10	7 149.80
安徽省	2.80	316.02	7.62	1 012.32
福建省	6.07	1 430.41	21.38	6 453.97
江西省	247.39	22 373.22	13.21	1 411.63
山东省	2.17	747.06	14.81	2 361.38
河南省	1.45	140.44	8.75	1 073.88
湖北省	2.66	596.48	11.21	1 883.95
湖南省	3.67	698.72	15.44	2 330.71
广东省	12.25	1 276.94	1 154.63	116 520.25
海南省	0.40	22.33	4.89	375.11
广西壮族自治区	1.29	120.66	14.46	978.87
重庆市	1.09	501.67	5.55	1 959.59
四川省	1.65	618.88	10.25	1 766.91
贵州省	0.87	99.68	4.22	615.09
云南省	1.12	458.39	6.76	1 217.03
西藏自治区	0.04	28.20	0.13	201.89
陕西省	0.64	637.67	3.79	730.51
甘肃省	0.35	216.71	2.12	742.27
青海省	0.08	5.83	0.41	67.57
宁夏回族自治区	0.11	48.51	0.80	185.27
新疆维吾尔自治区	0.37	234.71	2.00	419.50
深圳市	7.77	1 456.77	137.98	23 052.70
合计	330.11	52 494.49	1 607.35	325 600.18

资金流量流向情况季报表

第二季度　　　　单位：万笔、亿元

湖南省		广东省		海南省	
笔数	金额	笔数	金额	笔数	金额
3.63	4 065.25	6.01	11 956.08	6.20	22 070.90
0.30	68.22	0.32	105.30	0.58	617.24
0.66	110.74	0.94	132.51	1.30	230.09
0.36	58.22	0.33	184.29	0.66	314.99
0.27	10.43	0.30	111.24	0.51	301.68
0.52	52.68	0.55	93.07	0.95	495.21
0.27	105.26	0.25	34.68	0.40	404.71
0.52	36.89	0.30	112.50	0.39	754.56
3.32	764.00	7.59	1 560.96	8.09	3 277.46
1.10	161.77	1.97	442.16	3.78	1 144.93
1.41	125.37	3.87	582.49	4.52	1 260.21
0.49	27.95	0.82	95.08	1.19	259.70
0.81	165.77	2.11	1 662.01	2.19	2 111.27
0.53	27.50	1.20	121.25	1.17	425.51
0.86	88.99	1.54	320.90	2.45	2 135.36
0.73	49.01	1.01	128.08	1.65	438.15
0.52	54.86	1.47	83.37	2.43	689.36
0.59	69.19	2.30	549.18	1.51	1 183.76
3.45	445.64	13.43	1 256.40	4.61	1 876.47
49.38	5 250.16	0.66	66.56	0.33	104.24
0.52	61.50	206.54	17 398.05	0.93	262.57
0.39	109.78	0.75	223.85	166.16	22 978.51
0.70	59.04	1.34	148.41	14.36	1 951.96
0.23	26.58	1.36	120.87	4.34	1 037.02
0.28	18.42	1.59	114.52	2.05	469.48
0.02	6.06	0.02	3.00	0.15	35.87
0.32	36.46	0.35	41.13	1.11	404.56
0.18	10.16	0.21	70.22	0.51	558.15
0.04	1.72	0.03	2.48	0.15	46.73
0.05	1.79	0.06	10.10	0.19	127.54
0.16	7.56	0.18	29.55	0.62	137.63
3.05	689.63	6.28	998.08	8.08	2 201.49
75.61	12 766.61	265.68	38 758.35	243.57	70 307.33

2014 年

资金流入 / 资金流出	广西壮族自治区		重庆市	
	笔数	金额	笔数	金额
北京市	13.13	33 934.15	2.77	5 707.67
天津市	1.13	985.63	0.22	111.80
河北省	2.09	650.96	0.43	158.93
山西省	1.13	159.00	0.20	50.12
内蒙古自治区	1.55	1 273.65	0.34	78.16
辽宁省	1.78	638.82	0.29	105.81
吉林省	1.00	237.60	0.14	38.09
黑龙江省	0.78	394.56	0.15	44.18
上海市	19.87	5 571.15	4.32	1 323.22
江苏省	5.96	1 676.31	1.67	165.93
浙江省	15.11	3 103.30	2.51	624.77
安徽省	1.84	916.89	0.54	47.82
福建省	2.70	2 171.57	1.31	276.38
江西省	1.82	635.32	0.66	119.77
山东省	3.79	2 043.02	0.77	196.31
河南省	2.55	485.33	0.57	136.82
湖北省	3.60	504.18	0.79	205.89
湖南省	2.34	631.21	1.36	295.57
广东省	8.53	1 870.59	2.48	795.34
海南省	0.51	68.66	0.13	31.48
广西壮族自治区	1.35	132.22	1.12	109.17
重庆市	14.90	1 757.85	2.89	888.49
四川省	544.18	53 653.64	2.47	604.79
贵州省	4.25	673.22	142.17	14 142.65
云南省	5.10	632.69	1.46	196.24
西藏自治区	0.82	127.41	0.02	7.88
陕西省	2.73	1 094.74	0.34	77.55
甘肃省	1.58	352.29	0.12	39.38
青海省	0.52	124.72	0.04	7.47
宁夏回族自治区	0.41	185.88	0.04	8.16
新疆维吾尔自治区	1.82	697.70	0.11	41.88
深圳市	14.62	2 918.18	1.94	626.93
合计	683.48	120 302.40	174.34	27 264.67

第二季度　　　　单位：万笔、亿元

四川省		贵州省		云南省	
笔数	金额	笔数	金额	笔数	金额
4. 80	14 868. 16	0. 49	1 205. 20	7. 61	14 178. 02
0. 36	133. 16	0. 03	17. 14	0. 79	193. 15
0. 80	174. 10	0. 08	25. 69	1. 95	467. 17
0. 30	172. 98	0. 04	41. 71	2. 62	278. 65
0. 26	255. 73	0. 03	5. 66	1. 89	425. 74
0. 98	542. 58	0. 08	31. 75	1. 11	363. 60
0. 27	70. 74	0. 02	27. 07	0. 46	91. 21
0. 27	111. 69	0. 03	1. 02	0. 48	177. 68
5. 55	3 690. 42	0. 15	106. 99	10. 88	3 076. 22
1. 96	379. 97	0. 15	66. 09	3. 82	1 104. 71
3. 77	788. 99	0. 17	31. 77	4. 54	1 304. 74
0. 77	68. 51	0. 08	13. 85	1. 17	478. 83
1. 56	1 689. 27	0. 06	32. 69	1. 51	1 630. 57
0. 93	422. 49	0. 05	28. 42	0. 80	597. 50
1. 27	539. 49	0. 10	19. 22	3. 19	1 180. 03
0. 88	161. 35	0. 10	18. 17	3. 31	422. 22
1. 03	177. 89	0. 07	18. 63	1. 99	441. 44
1. 30	252. 18	0. 07	24. 61	1. 02	357. 08
4. 00	1 248. 93	0. 21	167. 65	3. 01	687. 87
0. 17	26. 19	0. 02	1. 08	0. 19	52. 58
1. 14	112. 65	0. 03	9. 05	0. 43	39. 95
1. 56	400. 84	0. 12	23. 54	1. 31	413. 54
4. 74	694. 49	0. 72	133. 89	3. 08	1 051. 84
2. 34	215. 11	0. 03	19. 38	0. 63	84. 05
187. 59	22 752. 81	0. 08	25. 47	0. 97	134. 64
0. 05	28. 49	4. 01	1 227. 57	0. 08	8. 63
0. 49	128. 82	0. 07	40. 49	218. 65	23 722. 55
0. 29	405. 54	0. 16	82. 70	4. 06	543. 08
0. 06	40. 97	0. 08	10. 29	0. 64	59. 60
0. 07	6. 26	0. 01	0. 14	2. 03	286. 68
0. 19	33. 50	0. 03	5. 11	1. 30	148. 86
5. 65	1 217. 72	0. 11	284. 34	4. 07	924. 34
235. 39	51 812. 01	7. 48	3 746. 39	289. 57	54 926. 78

2014 年

资金流入 / 资金流出	西藏自治区		陕西省	
	笔数	金额	笔数	金额
北京市	8.02	16 818.57	18.46	44 513.70
天津市	0.91	199.85	2.00	1 860.66
河北省	2.10	294.19	2.85	2 171.82
山西省	0.97	58.44	1.42	1 415.30
内蒙古自治区	0.77	120.36	1.03	1 166.44
辽宁省	1.40	414.38	3.44	5 223.44
吉林省	0.65	76.61	0.95	960.90
黑龙江省	0.77	141.81	1.04	1 202.50
上海市	16.41	4 255.48	31.87	19 885.93
江苏省	24.52	2 080.66	10.97	6 520.23
浙江省	18.02	1 738.88	17.76	4 940.55
安徽省	418.68	37 784.72	3.54	1 242.46
福建省	3.03	1 366.79	679.63	60 237.85
江西省	2.81	266.63	6.46	1 217.03
山东省	5.61	721.84	6.19	3 694.18
河南省	3.55	202.12	3.09	1 178.05
湖北省	3.11	418.97	3.59	1 704.65
湖南省	2.42	300.59	3.39	1 807.69
广东省	5.66	1 087.65	20.69	6 431.36
海南省	0.30	32.13	0.92	163.72
广西壮族自治区	0.76	59.89	2.67	1 619.47
重庆市	0.99	216.54	2.01	1 740.09
四川省	1.74	805.97	3.27	2 082.86
贵州省	0.68	58.04	1.82	268.95
云南省	0.92	69.57	2.49	1 668.40
西藏自治区	0.05	3.27	0.04	3.38
陕西省	1.07	426.42	1.91	1 686.40
甘肃省	0.95	84.77	0.85	279.31
青海省	0.13	6.08	0.22	61.61
宁夏回族自治区	0.24	195.44	0.27	130.96
新疆维吾尔自治区	0.65	63.10	0.93	1 246.07
深圳市	4.23	1 965.10	19.91	6 515.86
合计	532.09	72 334.87	855.69	184 841.84

第二季度

单位：万笔、亿元

甘肃省		青海省		宁夏回族自治区	
笔数	金额	笔数	金额	笔数	金额
2.84	7 956.62	0.85	2 134.41	1.24	3 313.71
0.24	113.57	0.06	27.89	0.20	125.89
0.61	121.09	0.18	13.44	0.43	60.62
0.34	113.85	0.11	24.55	0.25	14.60
0.52	66.30	0.09	20.65	1.58	132.73
0.38	264.73	0.10	22.75	0.21	214.33
0.14	75.94	0.04	10.43	0.12	49.91
0.13	240.58	0.04	4.48	0.06	3.09
4.47	2 333.54	0.63	413.03	1.57	280.07
1.29	1 099.60	0.47	88.77	0.80	157.58
2.01	690.53	0.70	201.85	1.07	125.37
0.84	221.90	0.14	11.30	0.20	194.26
0.55	243.71	0.19	79.49	0.23	131.54
0.31	167.94	0.11	25.30	0.13	38.51
1.13	344.23	0.35	98.95	0.73	246.65
1.05	340.92	0.27	40.83	0.39	57.98
0.48	106.68	0.16	41.54	0.22	31.47
0.56	148.89	0.13	10.71	0.15	49.59
1.42	699.40	0.32	69.96	0.48	213.69
0.09	8.47	0.02	1.14	0.02	2.41
0.19	42.24	0.03	7.46	0.06	14.46
0.35	473.07	0.11	27.63	0.14	129.56
1.22	281.41	0.42	97.79	0.41	187.58
0.12	27.21	0.04	5.76	0.04	6.37
0.36	531.76	0.06	39.05	0.07	3.15
0.16	83.97	0.11	11.95	0.01	0.38
2.31	461.68	0.34	57.37	1.19	270.46
102.85	10 846.03	1.05	84.35	1.07	175.77
1.47	107.30	18.06	2 338.30	0.11	10.30
1.35	203.43	0.10	11.15	58.18	3 973.88
1.08	108.64	0.11	12.29	0.16	48.35
0.90	2 249.73	0.26	144.31	0.39	284.96
131.76	30 774.96	25.67	6 178.87	71.92	10 549.24

2014 年

资金流入 / 资金流出	新疆维吾尔自治区	
	笔数	金额
北京市	3.79	9 223.85
天津市	0.34	207.71
河北省	0.71	192.39
山西省	0.31	108.16
内蒙古自治区	0.24	45.72
辽宁省	0.33	112.27
吉林省	0.10	48.90
黑龙江省	0.15	51.11
上海市	3.83	1 417.17
江苏省	1.57	308.13
浙江省	1.96	1 382.54
安徽省	0.50	58.75
福建省	0.62	1 282.14
江西省	0.28	165.47
山东省	1.46	331.65
河南省	1.03	183.90
湖北省	0.52	65.42
湖南省	0.40	83.29
广东省	1.00	384.66
海南省	0.08	4.26
广西壮族自治区	0.14	25.41
重庆市	0.42	111.35
四川省	1.27	617.60
贵州省	0.11	36.97
云南省	0.34	31.69
西藏自治区	0.03	2.73
陕西省	0.75	149.80
甘肃省	0.98	89.33
青海省	0.11	14.41
宁夏回族自治区	0.17	42.91
新疆维吾尔自治区	98.70	12 544.64
深圳市	0.89	402.84
合计	123.12	29 727.16

资金流量流向情况季报表

第二季度

单位：万笔、亿元

深圳市		合计	
笔数	金额	笔数	金额
21.84	83 562.90	840.09	1 709 209.96
2.86	4 932.14	218.34	90 099.34
3.79	1 002.18	577.10	90 286.87
1.79	640.43	280.42	46 594.81
1.57	1 092.89	203.85	55 957.40
5.62	4 432.29	395.26	130 745.33
1.90	1 051.60	181.88	62 999.52
2.28	583.82	213.10	45 656.17
27.22	32 460.66	957.63	669 865.19
16.07	9 139.47	1 437.18	311 624.47
17.46	9 604.04	1 668.56	290 860.71
4.46	1 803.12	549.37	71 685.17
10.56	7 259.93	815.65	184 024.81
7.54	1 426.94	337.89	52 270.63
8.85	4 315.77	1 226.96	192 947.26
5.14	1 305.62	568.19	86 528.14
6.94	2 596.60	455.75	92 537.78
7.89	1 571.84	440.74	69 422.49
99.27	24 654.64	1 521.53	329 129.28
2.11	835.40	70.64	12 745.28
5.09	1 030.62	261.01	38 323.28
3.49	2 846.14	237.07	70 181.51
7.19	2 828.79	662.75	120 348.85
2.58	589.23	187.29	27 614.28
3.13	1 283.65	244.56	52 037.47
0.08	13.83	7.10	3 568.48
3.14	1 076.25	280.40	54 761.67
1.22	2 135.84	137.61	30 778.41
0.31	129.80	27.19	6 264.87
0.50	348.50	75.07	10 452.50
1.27	429.32	130.47	30 085.98
381.43	89 967.11	754.53	292 399.01
664.58	296 951.36	15 965.18	5 332 006.92

大额实时支付系统行别间

2014 年

资金流入 / 资金流出	政策性银行		国有商业银行	
	笔数	金额	笔数	金额
政策性银行	0. 68	25 160. 36	27. 29	17 789. 84
国有商业银行	23. 39	21 274. 29	4 608. 44	1 170 317. 65
股份制商业银行	4. 37	39 564. 13	1 955. 53	336 444. 45
城市商业银行	3. 80	40 895. 32	1 125. 86	120 888. 81
农村商业银行	1. 48	9 912. 33	393. 17	27 713. 95
农村信用社	4. 93	2 089. 67	968. 07	48 966. 67
外资银行	0. 46	5 488. 94	118. 96	31 002. 16
中国邮政储蓄银行	0. 76	2 391. 94	123. 39	13 846. 25
其他	1. 62	26 452. 21	162. 83	222 116. 59
合计	41. 47	173 229. 17	9 483. 55	1 989 086. 38

资金流量流向情况季报表

第二季度 单位：万笔、亿元

股份制商业银行		城市商业银行		农村商业银行	
笔数	金额	笔数	金额	笔数	金额
4. 07	38 493. 67	3. 83	40 024. 38	1. 62	9 706. 19
2 145. 64	337 079. 22	842. 10	125 941. 18	335. 93	28 727. 01
853. 45	1 206 345. 16	286. 35	190 424. 87	93. 98	44 504. 15
355. 26	187 336. 40	106. 81	177 698. 85	47. 89	18 529. 43
90. 19	44 538. 55	37. 27	17 631. 73	21. 32	6 938. 46
188. 42	42 357. 35	121. 06	18 249. 59	17. 50	2 777. 88
50. 79	32 783. 52	12. 04	7 816. 36	5. 80	672. 09
22. 87	16 319. 09	12. 36	14 013. 53	5. 12	2 308. 55
18. 87	157 650. 28	22. 89	99 853. 06	8. 21	47 411. 39
3 729. 56	2 062 903. 24	1 444. 70	691 653. 56	537. 35	161 575. 15

大额实时支付系统行别间

2014 年

资金流入 / 资金流出	农村信用社		外资银行	
	笔数	金额	笔数	金额
政策性银行	5.87	2 080.76	0.37	5 497.10
国有商业银行	855.42	49 067.22	88.25	31 278.51
股份制商业银行	174.02	44 447.18	37.48	34 718.65
城市商业银行	146.24	18 742.81	15.07	7 135.73
农村商业银行	27.40	3 027.24	4.63	475.75
农村信用社	44.17	3 455.45	4.41	321.73
外资银行	4.65	434.77	16.71	65 005.06
中国邮政储蓄银行	20.77	1 905.35	0.51	976.52
其他	41.71	44 653.40	3.33	9 298.38
合计	1 320.26	167 814.17	170.75	154 707.43

资金流量流向情况季报表

第二季度　　单位：万笔、亿元

中国邮政储蓄银行		其他		合计	
笔数	金额	笔数	金额	笔数	金额
1.47	2 565.64	1.71	32 859.42	46.90	174 177.36
235.47	11 280.07	65.01	240 245.23	9 199.64	2 015 210.39
39.11	17 178.42	15.56	132 842.48	3 459.86	2 046 469.49
32.16	13 696.39	16.14	107 119.71	1 849.23	692 043.44
11.65	2 187.51	4.71	51 577.06	591.82	164 002.57
45.57	1 899.88	16.19	43 591.53	1 410.32	163 709.74
1.03	1 044.63	2.20	16 048.37	212.62	160 295.90
0.00	0.06	4.84	20 350.39	190.60	72 111.68
7.29	21 229.58	7.02	40 679.22	273.77	669 344.10
373.77	71 082.17	133.38	685 313.41	17 234.78	6 157 364.67

2014 年

资金流入 / 资金流出	北京市					
	借记		贷记		小计	
	笔数	金额	笔数	金额	笔数	金额
北京市	41.37	753.07	880.93	1 502.46	922.30	2 255.53
天津市	1.81	16.49	31.03	39.35	32.84	55.84
河北省	1.39	12.43	64.57	68.53	65.96	80.96
山西省	0.00	0.04	14.86	30.00	14.86	30.04
内蒙古自治区	0.01	2.29	15.81	15.29	15.82	17.58
辽宁省	0.05	0.65	23.63	67.70	23.67	68.34
吉林省	0.00	0.07	8.40	21.70	8.40	21.76
黑龙江省	0.01	0.22	10.10	10.24	10.11	10.46
上海市	0.10	1.41	185.06	184.46	185.15	185.87
江苏省	0.04	0.96	41.86	39.47	41.91	40.43
浙江省	0.04	0.82	40.41	57.41	40.45	58.24
安徽省	0.00	0.03	11.20	11.46	11.21	11.49
福建省	0.00	0.06	17.98	53.94	17.98	54.00
江西省	0.00	0.02	7.45	7.65	7.45	7.67
山东省	0.07	1.15	44.21	62.48	44.28	63.63
河南省	0.01	0.16	19.79	21.57	19.80	21.73
湖北省	0.00	0.09	14.17	14.89	14.18	14.97
湖南省	0.00	0.01	12.19	14.58	12.19	14.59
广东省	0.09	1.03	46.95	50.33	47.04	51.37
海南省	0.00	0.00	4.13	8.04	4.13	8.04
广西壮族自治区	—	—	8.28	9.74	8.28	9.74
重庆市	0.01	0.19	8.86	15.68	8.87	15.87
四川省	0.00	0.11	20.15	19.99	20.16	20.10
贵州省	0.00	0.00	4.71	5.18	4.71	5.18
云南省	0.00	0.07	8.45	16.77	8.45	16.84
西藏自治区	—	—	0.89	0.95	0.89	0.95
陕西省	0.01	0.18	15.68	22.73	15.69	22.91
甘肃省	0.00	0.01	6.19	6.98	6.19	6.98
青海省	—	—	2.04	2.17	2.04	2.17
宁夏回族自治区	0.00	0.04	3.13	3.31	3.13	3.34
新疆维吾尔自治区	0.01	0.19	7.55	9.93	7.56	10.13
深圳市	0.06	0.89	54.82	52.58	54.88	53.47
合计	45.10	792.68	1 635.47	2 447.57	1 680.57	3 240.25

第二季度　　　　单位：万笔、亿元

天津市						河北省					
借记		贷记		小计		借记		贷记		小计	
笔数	金额	笔数	金额	笔数	金额	笔数	金额	笔数	金额	笔数	金额
3. 60	43. 86	31. 05	32. 83	34. 65	76. 68	14. 60	141. 15	62. 06	65. 08	76. 66	206. 23
18. 91	102. 89	196. 34	209. 53	215. 25	312. 42	2. 48	15. 88	15. 39	17. 03	17. 87	32. 91
0. 47	4. 26	21. 56	24. 61	22. 03	28. 87	13. 29	43. 01	779. 62	796. 58	792. 91	839. 59
0. 01	0. 02	2. 93	3. 08	2. 93	3. 10	0. 00	0. 01	7. 18	9. 32	7. 18	9. 33
—	—	2. 03	2. 01	2. 03	2. 01	0. 07	0. 04	6. 26	9. 38	6. 33	9. 43
0. 01	0. 05	4. 77	5. 31	4. 77	5. 36	0. 01	0. 12	7. 27	8. 74	7. 28	8. 86
0. 00	0. 02	1. 43	1. 50	1. 43	1. 52	0. 11	0. 04	2. 03	2. 27	2. 14	2. 31
0. 07	0. 42	1. 49	1. 55	1. 56	1. 97	0. 01	0. 04	2. 50	2. 72	2. 51	2. 76
0. 02	0. 20	88. 88	247. 78	88. 90	247. 98	0. 02	0. 23	168. 48	124. 64	168. 50	124. 87
0. 02	0. 24	8. 13	7. 44	8. 15	7. 69	0. 01	0. 13	18. 03	12. 51	18. 04	12. 65
0. 01	0. 07	7. 32	7. 32	7. 32	7. 39	0. 01	0. 09	18. 96	19. 98	18. 97	20. 07
0. 01	0. 07	1. 60	1. 57	1. 61	1. 64	0. 04	0. 03	2. 86	3. 30	2. 90	3. 33
0. 01	0. 04	3. 11	2. 97	3. 12	3. 02	0. 00	0. 00	4. 13	4. 08	4. 13	4. 08
0. 00	0. 01	0. 92	0. 87	0. 92	0. 88	0. 00	0. 00	2. 08	2. 23	2. 08	2. 23
0. 03	0. 38	11. 06	12. 31	11. 09	12. 69	0. 06	0. 40	25. 04	31. 39	25. 11	31. 80
0. 01	0. 10	3. 21	3. 31	3. 22	3. 41	0. 02	0. 02	7. 66	10. 08	7. 68	10. 10
0. 00	0. 01	3. 19	1. 96	3. 19	1. 97	0. 00	0. 00	4. 23	4. 29	4. 23	4. 30
0. 00	0. 01	1. 45	1. 53	1. 45	1. 54	0. 00	0. 00	3. 32	3. 19	3. 32	3. 19
0. 06	0. 45	8. 31	7. 26	8. 38	7. 70	0. 05	0. 48	13. 95	11. 47	14. 00	11. 95
—	—	0. 38	0. 34	0. 38	0. 34	—	—	0. 65	0. 61	0. 65	0. 61
0. 02	0. 11	0. 90	0. 91	0. 92	1. 02	0. 03	0. 03	1. 84	1. 85	1. 87	1. 88
0. 00	0. 01	1. 00	1. 03	1. 00	1. 04	0. 03	0. 02	1. 82	2. 06	1. 85	2. 08
0. 00	0. 00	2. 06	2. 11	2. 07	2. 11	0. 07	0. 04	4. 00	4. 45	4. 07	4. 49
0. 00	0. 01	0. 45	0. 42	0. 45	0. 43	0. 00	0. 00	1. 05	1. 17	1. 05	1. 17
0. 00	0. 00	1. 05	0. 95	1. 05	0. 95	0. 01	0. 00	2. 14	2. 32	2. 14	2. 32
—	—	0. 06	0. 05	0. 06	0. 05	—	—	0. 37	0. 53	0. 37	0. 53
0. 00	0. 00	2. 03	2. 06	2. 03	2. 06	0. 02	0. 02	4. 00	4. 42	4. 02	4. 43
—	—	1. 08	0. 75	1. 08	0. 75	0. 03	0. 01	1. 84	2. 08	1. 86	2. 09
—	—	0. 27	0. 23	0. 27	0. 23	0. 00	0. 00	0. 67	0. 73	0. 67	0. 73
—	—	0. 45	0. 50	0. 45	0. 50	0. 00	0. 00	1. 09	1. 37	1. 09	1. 37
0. 00	0. 01	1. 06	1. 14	1. 06	1. 15	0. 14	0. 17	2. 46	2. 92	2. 60	3. 09
0. 01	0. 10	10. 34	9. 51	10. 35	9. 61	0. 02	0. 13	13. 63	11. 39	13. 65	11. 52
23. 27	153. 34	419. 89	594. 73	443. 16	748. 07	31. 15	202. 09	1 186. 60	1 174. 19	1 217. 75	1 376. 28

2014 年

资金流入 / 资金流出	山西省					
	借记		贷记		小计	
	笔数	金额	笔数	金额	笔数	金额
北京市	0.01	2.83	16.97	15.80	16.97	18.63
天津市	0.00	0.00	4.57	3.41	4.57	3.41
河北省	0.00	0.00	6.18	7.21	6.18	7.21
山西省	15.71	83.04	545.26	387.01	560.97	470.04
内蒙古自治区	—	—	3.72	4.29	3.72	4.29
辽宁省	—	—	1.19	1.17	1.19	1.17
吉林省	—	—	0.43	0.39	0.43	0.39
黑龙江省	—	—	0.50	0.47	0.50	0.47
上海市	—	—	110.35	83.41	110.35	83.41
江苏省	—	—	6.29	3.37	6.29	3.37
浙江省	0.00	0.00	4.28	3.76	4.28	3.76
安徽省	—	—	0.87	0.94	0.87	0.94
福建省	—	—	1.78	1.56	1.78	1.56
江西省	—	—	0.60	0.57	0.60	0.57
山东省	0.00	0.00	4.87	4.85	4.87	4.85
河南省	—	—	3.42	4.39	3.42	4.39
湖北省	—	—	1.31	1.39	1.31	1.39
湖南省	—	—	1.09	0.94	1.09	0.94
广东省	0.00	0.02	5.28	3.22	5.28	3.25
海南省	—	—	0.30	0.26	0.30	0.26
广西壮族自治区	—	—	0.54	0.50	0.54	0.50
重庆市	—	—	0.71	0.76	0.71	0.76
四川省	—	—	1.62	1.55	1.62	1.55
贵州省	—	—	0.32	0.33	0.32	0.33
云南省	—	—	0.99	1.13	0.99	1.13
西藏自治区	—	—	0.11	0.12	0.11	0.12
陕西省	—	—	3.26	3.54	3.26	3.54
甘肃省	—	—	0.69	0.93	0.69	0.93
青海省	—	—	0.27	0.28	0.27	0.28
宁夏回族自治区	—	—	0.34	0.40	0.34	0.40
新疆维吾尔自治区	—	—	0.91	0.87	0.91	0.87
深圳市	—	—	5.77	4.36	5.77	4.36
合计	15.72	85.91	734.78	543.14	750.50	629.04

资金流量流向情况季报表

第二季度 单位：万笔、亿元

内蒙古自治区						辽宁省					
借记		贷记		小计		借记		贷记		小计	
笔数	金额	笔数	金额	笔数	金额	笔数	金额	笔数	金额	笔数	金额
0.00	2.06	15.31	15.77	15.31	17.83	0.05	27.63	29.86	28.28	29.91	55.90
—	—	1.70	1.43	1.70	1.43	0.01	0.17	6.05	5.33	6.06	5.50
—	—	4.16	5.21	4.16	5.21	0.00	0.02	7.88	7.72	7.88	7.75
—	—	1.40	1.62	1.40	1.62	—	—	1.81	1.71	1.81	1.71
0.42	4.51	257.05	206.74	257.47	211.25	0.00	0.03	4.34	4.50	4.34	4.53
—	—	3.00	3.24	3.00	3.24	22.40	62.80	418.28	395.18	440.68	457.98
—	—	0.75	0.87	0.75	0.87	0.00	0.01	8.57	9.61	8.57	9.61
—	—	1.60	1.24	1.60	1.24	0.00	0.09	6.66	6.94	6.66	7.03
—	—	98.78	91.18	98.78	91.18	0.00	0.06	192.61	257.06	192.61	257.12
—	—	2.57	2.06	2.57	2.06	0.00	0.01	12.05	8.02	12.05	8.03
0.00	0.00	2.11	2.27	2.11	2.28	0.00	0.03	10.21	9.09	10.22	9.12
—	—	0.57	0.64	0.57	0.64	—	—	1.68	1.47	1.68	1.47
—	—	0.87	0.85	0.87	0.85	—	—	3.89	3.20	3.89	3.20
—	—	0.37	0.41	0.37	0.41	—	—	1.14	1.03	1.14	1.03
—	—	3.23	3.85	3.23	3.85	0.01	0.05	11.84	10.98	11.84	11.03
—	—	0.92	1.12	0.92	1.12	—	—	2.78	2.72	2.78	2.72
—	—	0.67	0.68	0.67	0.68	—	—	2.38	1.86	2.38	1.86
—	—	0.52	0.74	0.52	0.74	—	—	1.95	1.57	1.95	1.57
—	—	3.34	1.71	3.34	1.71	0.01	0.11	13.59	12.53	13.60	12.64
—	—	0.16	0.14	0.16	0.14	—	—	0.64	0.51	0.64	0.51
—	—	0.29	0.27	0.29	0.27	—	—	1.34	1.23	1.34	1.23
—	—	0.29	0.30	0.29	0.30	0.00	0.00	1.13	1.17	1.13	1.17
—	—	0.79	0.99	0.79	0.99	—	—	2.48	2.37	2.48	2.37
—	—	0.14	0.12	0.14	0.12	—	—	0.60	0.51	0.60	0.51
—	—	0.37	0.43	0.37	0.43	0.00	0.00	1.57	1.63	1.57	1.63
—	—	0.04	0.03	0.04	0.03	—	—	0.09	0.06	0.09	0.06
—	—	2.04	2.40	2.04	2.40	—	—	2.53	2.42	2.53	2.42
—	—	0.56	0.59	0.56	0.59	—	—	0.97	0.77	0.97	0.77
—	—	0.12	0.16	0.12	0.16	—	—	0.34	0.31	0.34	0.31
—	—	2.26	1.65	2.26	1.65	—	—	0.35	0.34	0.35	0.34
—	—	0.46	0.47	0.46	0.47	—	—	1.10	1.10	1.10	1.10
—	—	4.39	3.25	4.39	3.25	0.00	0.04	17.37	14.33	17.37	14.37
0.42	6.57	410.86	352.46	411.28	359.03	22.50	91.05	768.07	795.53	790.56	886.58

2014 年

资金流入 / 资金流出	吉林省					
	借记		贷记		小计	
	笔数	金额	笔数	金额	笔数	金额
北京市	0.00	2.18	11.03	9.52	11.04	11.69
天津市	0.00	0.00	1.81	1.40	1.81	1.40
河北省	0.00	0.00	3.09	2.59	3.09	2.60
山西省	—	—	0.74	0.65	0.74	0.65
内蒙古自治区	—	—	1.83	1.71	1.83	1.71
辽宁省	0.00	0.00	7.84	7.40	7.84	7.41
吉林省	1.14	2.82	161.06	154.99	162.19	157.81
黑龙江省	0.00	0.00	3.24	3.35	3.24	3.35
上海市	—	—	51.42	99.37	51.42	99.37
江苏省	—	—	5.17	2.42	5.17	2.42
浙江省	—	—	4.47	4.38	4.47	4.38
安徽省	—	—	0.84	0.80	0.84	0.80
福建省	—	—	1.60	1.19	1.60	1.19
江西省	—	—	0.66	0.57	0.66	0.57
山东省	—	—	4.73	3.68	4.73	3.68
河南省	—	—	1.28	1.10	1.28	1.10
湖北省	—	—	1.02	0.80	1.02	0.80
湖南省	—	—	1.23	0.90	1.23	0.90
广东省	0.00	0.00	5.31	3.25	5.32	3.26
海南省	—	—	0.36	0.27	0.36	0.27
广西壮族自治区	—	—	0.71	0.57	0.71	0.57
重庆市	—	—	0.71	0.70	0.71	0.70
四川省	—	—	1.49	1.25	1.49	1.25
贵州省	—	—	0.35	0.31	0.35	0.31
云南省	—	—	0.64	0.57	0.64	0.57
西藏自治区	—	—	0.08	0.04	0.08	0.04
陕西省	—	—	0.92	0.81	0.92	0.81
甘肃省	—	—	0.42	0.32	0.42	0.32
青海省	—	—	0.14	0.11	0.14	0.11
宁夏回族自治区	—	—	0.16	0.14	0.16	0.14
新疆维吾尔自治区	—	—	0.55	0.45	0.55	0.45
深圳市	0.00	0.00	6.16	4.23	6.16	4.23
合计	1.14	5.01	281.08	309.84	282.22	314.85

第二季度　　　　　　　　　　　　　　　　　　　　　　单位：万笔、亿元

黑龙江省						上海市					
借记		贷记		小计		借记		贷记		小计	
笔数	金额	笔数	金额	笔数	金额	笔数	金额	笔数	金额	笔数	金额
0.01	6.11	14.69	12.66	14.70	18.77	0.29	13.64	80.05	76.52	80.34	90.16
0.00	0.00	2.48	1.56	2.48	1.56	0.08	0.79	18.51	16.68	18.60	17.47
—	—	3.48	3.01	3.48	3.01	0.03	0.39	16.54	14.77	16.57	15.16
—	—	0.79	0.68	0.79	0.68	0.00	0.00	6.18	6.31	6.18	6.31
0.00	0.00	3.83	3.22	3.83	3.22	0.01	6.27	4.12	3.94	4.13	10.21
0.00	0.00	6.53	5.96	6.54	5.96	0.03	0.35	18.94	18.64	18.98	18.99
—	—	3.33	3.41	3.33	3.41	0.00	0.00	5.90	5.01	5.90	5.01
13.50	29.89	191.90	200.27	205.40	230.16	0.00	0.01	5.30	5.24	5.30	5.25
0.00	0.01	62.25	56.55	62.25	56.56	37.93	753.26	1 038.37	973.56	1 076.31	1 726.82
0.00	0.01	4.91	2.56	4.91	2.57	1.72	25.85	182.60	178.07	184.32	203.92
0.00	0.00	4.39	4.26	4.39	4.26	1.04	16.73	182.53	182.72	183.57	199.44
—	—	0.84	0.79	0.84	0.79	0.02	2.34	21.83	20.56	21.85	22.90
—	—	1.60	1.03	1.60	1.03	0.01	0.10	30.25	29.29	30.26	29.38
—	—	0.69	0.50	0.69	0.50	0.00	0.03	9.94	10.38	9.94	10.41
0.00	0.02	6.25	4.83	6.25	4.85	0.09	0.87	42.55	38.68	42.64	39.55
—	—	1.22	1.15	1.22	1.15	0.01	0.07	14.30	14.72	14.31	14.79
—	—	2.68	0.91	2.68	0.91	0.00	0.08	18.06	16.94	18.06	17.02
—	—	1.00	0.66	1.00	0.66	0.00	0.02	12.19	11.63	12.19	11.65
0.00	0.01	6.61	4.59	6.61	4.59	0.38	2.59	64.60	61.25	64.98	63.84
—	—	0.55	0.48	0.55	0.48	0.00	0.01	3.16	3.07	3.16	3.08
—	—	0.78	0.59	0.78	0.59	0.00	0.00	7.95	6.82	7.95	6.82
—	—	0.60	0.56	0.60	0.56	0.03	0.24	9.50	10.23	9.53	10.47
—	—	1.23	1.12	1.23	1.12	0.00	0.02	18.98	18.53	18.98	18.54
—	—	0.30	0.26	0.30	0.26	—	—	4.41	4.12	4.41	4.12
—	—	0.67	0.59	0.67	0.59	0.00	0.01	6.47	6.37	6.47	6.38
—	—	0.09	0.08	0.09	0.08	—	—	0.33	0.36	0.33	0.36
—	—	0.91	0.76	0.91	0.76	0.00	0.06	11.05	10.85	11.05	10.90
—	—	0.42	0.36	0.42	0.36	0.00	0.00	3.91	3.64	3.91	3.65
—	—	0.11	0.09	0.11	0.09	—	—	0.97	0.98	0.97	0.98
—	—	0.15	0.11	0.15	0.11	—	—	1.45	1.44	1.45	1.44
—	—	0.51	0.47	0.51	0.47	0.00	0.02	5.63	4.85	5.64	4.87
0.00	0.00	6.75	4.24	6.75	4.24	0.14	1.16	75.39	61.34	75.53	62.50
13.51	36.05	332.55	318.28	346.06	354.34	41.83	824.89	1 921.99	1 817.51	1 963.81	2 642.40

资金流入 / 资金流出	江苏省					
	借记		贷记		小计	
	笔数	金额	笔数	金额	笔数	金额
北京市	0. 08	225. 56	59. 87	60. 09	59. 95	285. 65
天津市	0. 04	0. 32	11. 86	11. 12	11. 90	11. 44
河北省	0. 01	0. 10	14. 49	16. 28	14. 49	16. 38
山西省	—	—	5. 22	6. 06	5. 22	6. 06
内蒙古自治区	0. 00	0. 00	3. 25	3. 45	3. 25	3. 45
辽宁省	0. 00	0. 03	10. 28	11. 84	10. 29	11. 87
吉林省	—	—	3. 05	3. 23	3. 05	3. 23
黑龙江省	0. 00	0. 01	3. 13	3. 41	3. 13	3. 41
上海市	3. 49	44. 30	392. 41	385. 08	395. 91	429. 38
江苏省	99. 66	3 350. 67	1 252. 68	1 677. 35	1 352. 35	5 028. 01
浙江省	0. 86	14. 81	114. 13	134. 51	114. 98	149. 33
安徽省	0. 06	4. 22	30. 61	35. 32	30. 67	39. 53
福建省	0. 00	0. 00	19. 92	21. 64	19. 92	21. 64
江西省	0. 00	0. 01	7. 67	8. 77	7. 67	8. 78
山东省	0. 05	0. 51	41. 73	48. 32	41. 78	48. 83
河南省	0. 00	0. 01	13. 23	15. 49	13. 23	15. 50
湖北省	0. 00	0. 03	12. 69	14. 00	12. 69	14. 03
湖南省	0. 00	0. 01	9. 29	9. 82	9. 29	9. 83
广东省	0. 53	3. 79	48. 09	51. 12	48. 62	54. 90
海南省	—	—	1. 66	1. 65	1. 66	1. 65
广西壮族自治区	0. 00	0. 01	5. 00	5. 12	5. 00	5. 12
重庆市	0. 01	0. 05	6. 38	7. 22	6. 39	7. 27
四川省	0. 00	0. 01	11. 64	13. 27	11. 64	13. 29
贵州省	0. 00	0. 00	2. 64	2. 95	2. 64	2. 95
云南省	0. 00	0. 00	5. 34	5. 79	5. 34	5. 79
西藏自治区	—	—	0. 32	0. 34	0. 32	0. 34
陕西省	0. 00	0. 01	8. 31	8. 99	8. 31	9. 00
甘肃省	—	—	3. 28	3. 38	3. 28	3. 38
青海省	—	—	1. 25	1. 34	1. 25	1. 34
宁夏回族自治区	—	—	1. 44	1. 63	1. 44	1. 63
新疆维吾尔自治区	0. 00	0. 01	4. 01	5. 25	4. 02	5. 25
深圳市	0. 24	1. 24	48. 17	42. 78	48. 41	44. 02
合计	105. 05	3 645. 70	2 153. 04	2 616. 57	2 258. 08	6 262. 27

资金流量流向情况季报表

第二季度 单位：万笔、亿元

浙江省						安徽省					
借记		贷记		小计		借记		贷记		小计	
笔数	金额	笔数	金额	笔数	金额	笔数	金额	笔数	金额	笔数	金额
0.08	152.59	50.94	53.67	51.02	206.26	0.01	16.16	18.38	15.31	18.39	31.47
0.06	0.41	10.68	10.48	10.74	10.89	0.00	0.02	2.19	1.92	2.19	1.94
0.01	0.07	14.72	16.85	14.73	16.92	—	—	3.86	3.96	3.86	3.96
0.00	0.00	4.59	5.47	4.59	5.48	—	—	1.27	1.53	1.27	1.53
0.00	0.00	2.96	3.21	2.96	3.22	—	—	1.06	1.00	1.06	1.00
0.01	0.06	9.98	11.56	9.98	11.62	0.00	0.00	1.86	1.97	1.86	1.97
0.00	0.00	2.52	2.79	2.52	2.79	—	—	0.71	0.81	0.71	0.81
0.00	0.01	2.89	3.30	2.89	3.31	—	—	0.78	0.89	0.78	0.89
2.37	29.36	273.93	266.09	276.30	295.46	0.06	3.20	80.85	251.83	80.92	255.03
0.76	15.27	87.98	101.18	88.74	116.44	0.18	6.92	28.50	29.04	28.67	35.96
144.27	8 172.69	1 993.96	2 272.67	2 138.23	10 445.36	0.05	1.48	25.59	26.02	25.65	27.50
0.03	1.88	19.63	21.43	19.66	23.31	1.49	64.88	513.01	511.46	514.49	576.34
0.01	0.03	29.79	32.11	29.80	32.14	—	—	4.89	4.81	4.89	4.81
0.01	0.02	13.91	15.46	13.91	15.48	—	—	2.73	3.24	2.73	3.24
0.04	0.35	35.68	40.30	35.71	40.65	0.01	0.02	7.65	8.12	7.66	8.14
0.00	0.01	13.45	15.86	13.46	15.88	0.01	0.00	3.70	4.45	3.72	4.45
0.01	0.02	15.33	13.88	15.34	13.90	0.00	0.00	3.68	4.09	3.68	4.09
0.00	0.00	12.27	12.60	12.27	12.60	—	—	2.47	2.47	2.47	2.47
1.10	6.59	59.06	70.39	60.16	76.98	0.02	0.15	12.43	10.55	12.46	10.70
—	—	1.79	1.96	1.79	1.96	—	—	0.47	0.47	0.47	0.47
0.00	0.00	6.65	7.01	6.65	7.01	—	—	1.26	1.38	1.26	1.38
0.04	0.18	7.21	7.69	7.25	7.87	0.00	0.00	1.26	1.42	1.26	1.42
0.00	0.01	12.73	18.24	12.73	18.25	—	—	2.36	2.56	2.36	2.56
—	—	3.52	4.02	3.52	4.02	—	—	0.70	0.78	0.70	0.78
0.00	0.00	6.00	7.79	6.00	7.79	—	—	1.20	1.31	1.20	1.31
—	—	0.27	0.32	0.27	0.32	—	—	0.19	0.16	0.19	0.16
0.00	0.00	7.52	8.84	7.52	8.84	—	—	1.82	2.00	1.82	2.00
0.00	0.00	3.21	3.66	3.21	3.66	—	—	0.83	1.01	0.83	1.01
—	—	1.01	1.32	1.01	1.32	—	—	0.34	0.39	0.34	0.39
—	—	1.37	1.58	1.37	1.58	—	—	0.32	0.38	0.32	0.38
0.00	0.01	3.68	4.98	3.68	4.98	—	—	1.28	1.57	1.28	1.57
0.30	1.60	65.86	66.80	66.16	68.40	0.01	0.07	14.40	9.98	14.41	10.05
149.09	8 381.16	2 775.10	3 103.52	2 924.19	11 484.68	1.85	92.91	742.04	906.88	743.88	999.79

资金流入 \ 资金流出	福建省					
	借记		贷记		小计	
	笔数	金额	笔数	金额	笔数	金额
北京市	0.01	61.47	41.20	45.67	41.22	107.14
天津市	0.00	0.02	6.87	7.63	6.88	7.65
河北省	0.00	0.00	4.90	5.59	4.90	5.60
山西省	—	—	2.09	2.32	2.09	2.32
内蒙古自治区	—	—	1.31	1.29	1.31	1.29
辽宁省	0.00	0.00	3.24	3.77	3.24	3.77
吉林省	—	—	0.96	1.01	0.96	1.01
黑龙江省	0.00	0.01	1.06	1.13	1.07	1.14
上海市	0.00	0.06	158.71	190.80	158.72	190.86
江苏省	0.00	0.07	33.53	17.16	33.53	17.23
浙江省	0.01	0.19	30.64	34.69	30.65	34.88
安徽省	—	—	4.26	4.39	4.26	4.39
福建省	31.32	68.01	1 322.98	1 601.94	1 354.30	1 669.96
江西省	0.00	0.00	7.57	8.26	7.57	8.26
山东省	0.00	0.03	10.95	11.67	10.95	11.70
河南省	—	—	4.18	4.55	4.18	4.55
湖北省	0.00	0.00	5.57	5.49	5.58	5.50
湖南省	0.00	0.00	5.09	5.38	5.09	5.38
广东省	0.06	0.48	38.59	41.93	38.65	42.41
海南省	—	—	1.43	1.38	1.43	1.38
广西壮族自治区	0.00	0.00	4.58	4.54	4.59	4.54
重庆市	0.00	0.00	2.72	2.99	2.72	2.99
四川省	0.00	0.00	5.35	5.42	5.35	5.42
贵州省	—	—	2.32	2.47	2.32	2.47
云南省	—	—	5.01	5.87	5.01	5.87
西藏自治区	—	—	0.19	0.18	0.19	0.18
陕西省	0.00	0.01	3.70	3.94	3.70	3.95
甘肃省	0.00	0.00	1.30	1.41	1.30	1.41
青海省	—	—	0.45	0.49	0.45	0.49
宁夏回族自治区	—	—	0.47	0.51	0.47	0.51
新疆维吾尔自治区	—	—	1.77	1.84	1.77	1.84
深圳市	0.03	0.23	70.68	70.01	70.71	70.23
合计	31.45	130.60	1 783.67	2 095.72	1 815.12	2 226.31

第二季度　　　　　　单位：万笔、亿元

江西省						山东省					
借记		贷记		小计		借记		贷记		小计	
笔数	金额	笔数	金额	笔数	金额	笔数	金额	笔数	金额	笔数	金额
0.01	14.56	11.83	10.19	11.83	24.75	0.17	20.62	65.65	66.29	65.82	86.91
0.00	0.04	1.18	0.96	1.18	0.99	0.05	0.59	15.25	14.31	15.30	14.90
—	—	2.40	2.08	2.40	2.08	0.01	0.17	24.33	29.83	24.34	30.00
—	—	0.80	0.72	0.80	0.72	0.00	0.01	5.68	6.82	5.68	6.83
—	—	0.67	0.55	0.67	0.55	0.00	0.00	4.40	4.34	4.40	4.35
—	—	1.05	1.08	1.05	1.08	0.02	0.06	10.25	11.46	10.26	11.51
—	—	0.43	0.43	0.43	0.43	—	—	3.42	3.48	3.42	3.48
0.00	0.00	0.50	0.51	0.50	0.51	0.00	0.03	4.28	4.11	4.28	4.14
0.00	0.02	28.40	27.38	28.40	27.40	0.07	0.55	186.94	151.46	187.01	152.01
0.00	0.02	8.92	7.13	8.93	7.15	0.01	0.14	40.95	35.86	40.96	36.00
0.00	0.02	19.25	18.23	19.25	18.25	0.04	0.59	31.97	33.47	32.01	34.06
—	—	2.78	2.94	2.78	2.94	—	—	7.11	8.52	7.11	8.52
0.00	0.00	10.81	9.89	10.81	9.89	0.00	0.00	8.83	8.83	8.83	8.83
0.24	4.62	301.93	350.01	302.17	354.63	0.00	0.00	3.47	3.55	3.47	3.55
0.00	0.01	3.75	3.32	3.75	3.33	13.91	83.64	1 542.11	1 574.08	1 556.02	1 657.72
0.00	0.00	1.75	1.83	1.75	1.83	0.00	0.02	11.67	14.82	11.67	14.83
0.00	0.00	3.94	3.58	3.94	3.58	0.00	0.00	6.35	6.41	6.35	6.41
—	—	5.06	5.20	5.06	5.20	0.00	0.00	5.24	5.07	5.24	5.07
0.01	0.11	33.69	27.70	33.70	27.81	0.11	0.81	40.19	25.92	40.30	26.73
—	—	0.77	0.86	0.77	0.86	—	—	1.03	1.04	1.03	1.04
—	—	2.17	2.46	2.17	2.46	0.00	0.02	3.52	3.38	3.52	3.39
—	—	1.23	1.37	1.23	1.37	0.00	0.01	3.02	3.46	3.02	3.46
—	—	2.30	2.50	2.30	2.50	0.00	0.01	6.45	7.21	6.45	7.22
—	—	0.99	1.06	0.99	1.06	—	—	1.56	1.70	1.56	1.70
—	—	1.47	1.66	1.47	1.66	0.00	0.00	4.81	5.55	4.81	5.56
—	—	0.12	0.13	0.12	0.13	—	—	0.30	0.24	0.30	0.24
—	—	1.17	1.17	1.17	1.17	0.00	0.01	5.75	6.30	5.75	6.30
—	—	0.68	0.45	0.68	0.45	0.00	0.00	2.49	2.57	2.49	2.57
—	—	0.20	0.18	0.20	0.18	—	—	1.01	0.95	1.01	0.95
—	—	0.18	0.16	0.18	0.16	0.00	0.00	1.34	1.55	1.34	1.56
—	—	0.66	0.71	0.66	0.71	0.00	0.01	3.90	4.26	3.90	4.26
0.01	0.07	25.51	18.24	25.52	18.31	0.05	0.27	44.64	40.28	44.69	40.56
0.27	19.46	476.59	504.71	476.87	524.16	14.46	107.54	2 097.89	2 087.11	2 112.35	2 194.65

资金流入 / 资金流出	河南省					
	借记		贷记		小计	
	笔数	金额	笔数	金额	笔数	金额
北京市	0.01	1.06	36.70	36.68	36.71	37.74
天津市	0.00	0.00	5.78	5.14	5.78	5.14
河北省	0.00	0.02	10.34	12.19	10.34	12.21
山西省	0.00	0.01	6.78	8.83	6.78	8.83
内蒙古自治区	—	—	2.13	2.20	2.13	2.20
辽宁省	0.00	0.01	3.27	3.49	3.27	3.50
吉林省	—	—	1.20	1.31	1.20	1.31
黑龙江省	—	—	1.37	1.45	1.37	1.45
上海市	0.00	0.07	100.71	88.36	100.71	88.43
江苏省	0.00	0.00	23.02	13.58	23.02	13.58
浙江省	0.00	0.00	19.38	17.73	19.38	17.73
安徽省	—	—	4.61	5.24	4.61	5.24
福建省	—	—	6.23	5.51	6.23	5.51
江西省	—	—	2.57	2.58	2.57	2.58
山东省	0.00	0.01	15.45	16.58	15.45	16.60
河南省	1.21	0.24	624.04	694.00	625.25	694.24
湖北省	—	—	6.88	7.44	6.88	7.44
湖南省	—	—	4.31	4.34	4.31	4.34
广东省	0.01	0.09	29.13	26.63	29.13	26.72
海南省	—	—	0.92	0.90	0.92	0.90
广西壮族自治区	—	—	2.21	2.29	2.21	2.29
重庆市	0.00	0.00	2.18	2.53	2.18	2.53
四川省	—	—	4.61	5.06	4.61	5.06
贵州省	0.00	0.00	1.25	1.43	1.25	1.43
云南省	—	—	2.95	3.44	2.95	3.44
西藏自治区	—	—	0.40	0.27	0.40	0.27
陕西省	—	—	6.00	6.55	6.00	6.55
甘肃省	—	—	2.02	2.22	2.02	2.22
青海省	—	—	0.82	0.86	0.82	0.86
宁夏回族自治区	—	—	0.87	1.03	0.87	1.03
新疆维吾尔自治区	—	—	3.70	4.06	3.70	4.06
深圳市	0.00	0.04	26.15	24.31	26.15	24.35
合计	1.24	1.57	957.96	1 008.19	959.20	1 009.76

第二季度　　　　单位：万笔、亿元

湖北省						湖南省					
借记		贷记		小计		借记		贷记		小计	
笔数	金额	笔数	金额	笔数	金额	笔数	金额	笔数	金额	笔数	金额
0.01	33.72	27.89	26.05	27.89	59.77	0.01	5.91	21.10	16.96	21.11	22.86
0.00	0.05	4.68	3.41	4.68	3.45	0.00	0.00	2.06	1.51	2.06	1.51
0.00	0.00	5.21	4.99	5.21	4.99	0.00	0.01	3.22	2.79	3.22	2.80
—	—	1.80	1.78	1.80	1.78	—	—	1.26	1.26	1.26	1.26
—	—	1.42	1.22	1.42	1.22	—	—	0.99	0.82	0.99	0.82
0.00	0.00	2.40	2.39	2.40	2.39	0.00	0.00	1.64	1.57	1.64	1.57
—	—	0.83	0.79	0.83	0.79	—	—	0.60	0.52	0.60	0.52
—	—	1.04	0.92	1.04	0.92	0.00	0.00	0.67	0.63	0.67	0.64
0.01	0.04	66.69	49.95	66.69	49.99	0.00	0.00	42.92	32.23	42.92	32.23
0.00	0.01	17.67	11.01	17.67	11.01	0.00	0.00	13.79	6.75	13.79	6.76
0.00	0.01	19.57	15.74	19.57	15.76	0.00	0.00	14.13	10.84	14.13	10.84
—	—	3.92	3.93	3.92	3.93	—	—	2.30	2.16	2.30	2.16
—	—	7.69	6.15	7.69	6.15	0.00	0.00	6.21	5.00	6.21	5.00
0.00	0.00	4.59	4.82	4.59	4.83	0.00	0.01	5.50	5.74	5.50	5.75
0.00	0.00	7.69	6.98	7.69	6.99	0.00	0.00	5.08	4.22	5.08	4.22
—	—	6.29	7.18	6.29	7.18	0.00	0.00	2.88	3.21	2.88	3.21
0.55	5.72	636.09	598.46	636.64	604.19	0.00	0.01	8.33	6.50	8.34	6.50
0.00	0.17	8.39	9.03	8.39	9.21	4.64	29.44	668.49	706.47	673.13	735.91
0.01	0.07	38.91	29.42	38.92	29.48	0.07	0.30	74.42	46.52	74.49	46.82
—	—	1.13	0.99	1.13	0.99	—	—	1.30	1.18	1.30	1.18
—	—	3.07	2.89	3.07	2.89	0.00	0.00	5.38	5.55	5.38	5.55
—	—	3.30	3.54	3.30	3.54	0.00	0.00	2.20	2.19	2.20	2.19
0.00	0.00	5.59	5.52	5.59	5.52	—	—	4.80	3.67	4.80	3.67
—	—	1.60	1.63	1.60	1.63	—	—	2.91	3.20	2.91	3.20
—	—	2.37	2.35	2.37	2.35	—	—	2.82	2.86	2.82	2.86
—	—	0.30	0.29	0.30	0.29	—	—	0.23	0.20	0.23	0.20
—	—	3.36	3.49	3.36	3.49	—	—	2.05	1.93	2.05	1.93
—	—	1.36	1.24	1.36	1.24	—	—	0.97	0.86	0.97	0.86
—	—	0.54	0.55	0.54	0.55	—	—	0.46	0.41	0.46	0.41
—	—	0.48	0.53	0.48	0.53	—	—	0.37	0.39	0.37	0.39
—	—	2.08	2.08	2.08	2.08	—	—	1.71	1.78	1.71	1.78
0.01	0.08	38.05	27.27	38.06	27.36	0.02	0.10	46.03	28.55	46.05	28.65
0.58	39.88	925.99	836.62	926.57	876.50	4.76	35.78	946.81	908.45	951.57	944.23

2014 年

资金流入 / 资金流出	广东省					
	借记		贷记		小计	
	笔数	金额	笔数	金额	笔数	金额
北京市	0.14	203.61	69.30	66.72	69.44	270.33
天津市	0.30	0.48	11.31	10.78	11.61	11.27
河北省	0.05	0.27	13.67	14.01	13.72	14.28
山西省	0.01	0.02	4.92	5.48	4.94	5.50
内蒙古自治区	0.01	1.00	3.59	3.28	3.60	4.28
辽宁省	0.02	0.09	11.49	11.91	11.52	12.00
吉林省	0.00	0.00	3.17	3.16	3.17	3.16
黑龙江省	0.01	0.04	4.11	4.24	4.12	4.28
上海市	0.23	1.44	276.69	1 076.02	276.92	1 077.46
江苏省	0.11	0.92	53.81	42.66	53.92	43.58
浙江省	0.52	0.94	77.24	74.92	77.75	75.86
安徽省	0.00	0.02	9.23	9.46	9.23	9.47
福建省	0.32	0.43	42.98	47.90	43.30	48.33
江西省	0.42	0.51	18.96	19.56	19.38	20.07
山东省	0.12	0.39	27.91	28.12	28.02	28.51
河南省	0.06	0.09	14.21	15.70	14.27	15.79
湖北省	0.84	1.15	19.58	18.51	20.42	19.66
湖南省	0.03	0.15	30.96	29.14	30.98	29.29
广东省	98.59	551.15	2 210.80	2 476.79	2 309.39	3 027.94
海南省	0.00	0.07	9.07	9.51	9.08	9.58
广西壮族自治区	0.08	1.07	33.19	31.40	33.26	32.47
重庆市	1.45	1.45	10.05	10.34	11.50	11.79
四川省	0.07	0.13	20.02	20.51	20.09	20.64
贵州省	0.00	0.00	6.00	6.11	6.00	6.11
云南省	0.04	0.11	11.58	14.11	11.62	14.22
西藏自治区	—	—	0.53	0.45	0.53	0.45
陕西省	0.00	0.01	9.23	9.28	9.23	9.29
甘肃省	0.00	0.01	3.57	3.51	3.57	3.52
青海省	—	—	1.05	1.20	1.05	1.20
宁夏回族自治区	—	—	1.50	1.65	1.50	1.65
新疆维吾尔自治区	0.03	0.20	4.01	4.69	4.04	4.89
深圳市	24.56	106.54	390.66	335.96	415.22	442.50
合计	128.01	872.30	3 404.39	4 407.07	3 532.40	5 279.36

第二季度　　　　单位：万笔、亿元

海南省						广西壮族自治区					
借记		贷记		小计		借记		贷记		小计	
笔数	金额	笔数	金额	笔数	金额	笔数	金额	笔数	金额	笔数	金额
0.00	2.63	5.10	4.91	5.10	7.54	0.00	0.99	15.51	16.88	15.52	17.87
—	—	0.41	0.40	0.41	0.40	0.00	0.00	1.63	1.10	1.63	1.10
—	—	1.01	0.97	1.01	0.97	—	—	1.81	1.83	1.81	1.83
—	—	0.42	0.43	0.42	0.43	—	—	0.44	0.40	0.44	0.40
—	—	0.36	0.33	0.36	0.33	—	—	2.25	1.32	2.25	1.32
—	—	0.61	0.62	0.61	0.62	—	—	0.77	0.69	0.77	0.69
—	—	0.32	0.30	0.32	0.30	—	—	0.35	0.27	0.35	0.27
—	—	0.58	0.52	0.58	0.52	—	—	0.42	0.31	0.42	0.31
—	—	20.11	15.55	20.11	15.55	0.00	0.00	61.70	48.34	61.70	48.34
—	—	1.85	1.36	1.85	1.36	—	—	5.02	2.94	5.02	2.94
0.00	0.00	2.40	2.29	2.40	2.29	0.00	0.00	6.55	5.52	6.55	5.52
—	—	0.55	0.59	0.55	0.59	—	—	0.83	0.79	0.83	0.79
—	—	1.32	1.27	1.32	1.27	—	—	3.57	3.23	3.57	3.23
—	—	0.63	0.67	0.63	0.67	—	—	1.50	1.49	1.50	1.49
—	—	1.36	1.34	1.36	1.34	—	—	3.22	2.89	3.22	2.89
—	—	0.92	1.04	0.92	1.04	—	—	1.28	1.32	1.28	1.32
—	—	0.81	0.78	0.81	0.78	—	—	2.57	1.48	2.57	1.48
—	—	0.98	0.97	0.98	0.97	—	—	3.60	3.99	3.60	3.99
0.00	0.00	7.54	6.60	7.54	6.60	0.03	0.29	48.63	31.16	48.66	31.45
0.79	0.39	112.45	116.11	113.23	116.50	—	—	0.91	0.92	0.91	0.92
—	—	0.87	0.86	0.87	0.86	2.62	3.66	434.57	399.23	437.19	402.89
—	—	0.56	0.58	0.56	0.58	0.00	0.00	1.04	0.98	1.04	0.98
—	—	1.14	1.05	1.14	1.05	—	—	2.04	1.93	2.04	1.93
—	—	0.34	0.33	0.34	0.33	0.00	0.00	1.35	1.53	1.35	1.53
—	—	0.46	0.43	0.46	0.43	—	—	2.15	2.25	2.15	2.25
—	—	0.02	0.02	0.02	0.02	—	—	0.08	0.08	0.08	0.08
—	—	0.53	0.49	0.53	0.49	—	—	0.83	0.79	0.83	0.79
—	—	0.29	0.22	0.29	0.22	—	—	0.35	0.27	0.35	0.27
—	—	0.08	0.07	0.08	0.07	—	—	0.10	0.07	0.10	0.07
—	—	0.06	0.07	0.06	0.07	—	—	0.09	0.09	0.09	0.09
—	—	0.30	0.26	0.30	0.26	—	—	0.40	0.35	0.40	0.35
—	—	13.46	9.46	13.46	9.46	0.01	0.03	25.00	14.44	25.01	14.46
0.79	3.03	177.82	170.88	178.61	173.90	2.66	4.98	630.55	548.86	633.20	553.83

2014 年

资金流入 \ 资金流出	重庆市					
	借记		贷记		小计	
	笔数	金额	笔数	金额	笔数	金额
北京市	0.01	6.15	14.18	12.04	14.18	18.19
天津市	0.00	0.00	1.56	0.92	1.56	0.92
河北省	0.00	0.00	2.36	1.91	2.36	1.91
山西省	—	—	1.00	0.99	1.00	0.99
内蒙古自治区	—	—	0.62	0.46	0.62	0.46
辽宁省	—	—	1.16	1.09	1.16	1.09
吉林省	—	—	0.40	0.39	0.40	0.39
黑龙江省	—	—	0.43	0.45	0.43	0.45
上海市	0.00	0.02	39.60	24.54	39.60	24.55
江苏省	0.00	0.04	5.98	4.54	5.99	4.58
浙江省	0.00	0.02	7.54	5.83	7.54	5.86
安徽省	—	—	1.11	1.02	1.11	1.02
福建省	0.00	0.00	3.94	3.22	3.94	3.22
江西省	—	—	1.12	1.05	1.12	1.05
山东省	0.00	0.02	3.47	2.89	3.47	2.91
河南省	—	—	1.78	1.77	1.78	1.77
湖北省	0.00	0.00	3.87	2.97	3.87	2.97
湖南省	—	—	2.21	1.85	2.21	1.85
广东省	0.03	0.26	16.97	10.36	17.01	10.62
海南省	—	—	0.59	0.50	0.59	0.50
广西壮族自治区	—	—	1.46	1.38	1.46	1.38
重庆市	1.22	27.68	272.15	288.52	273.38	316.20
四川省	0.00	0.01	21.24	21.54	21.24	21.54
贵州省	—	—	3.90	4.55	3.90	4.55
云南省	0.00	0.00	2.74	2.80	2.74	2.80
西藏自治区	—	—	0.57	0.62	0.57	0.62
陕西省	—	—	2.04	1.80	2.04	1.80
甘肃省	—	—	0.90	0.67	0.90	0.67
青海省	—	—	0.38	0.34	0.38	0.34
宁夏回族自治区	—	—	0.39	0.30	0.39	0.30
新疆维吾尔自治区	—	—	1.50	1.29	1.50	1.29
深圳市	0.01	0.03	20.71	17.99	20.71	18.02
合计	1.27	34.22	437.86	420.61	439.13	454.84

资金流量流向情况季报表

第二季度　　　　　　　　　　　　　　　　　　　　　单位：万笔、亿元

四川省						贵州省					
借记		贷记		小计		借记		贷记		小计	
笔数	金额	笔数	金额	笔数	金额	笔数	金额	笔数	金额	笔数	金额
0.00	15.38	29.25	23.48	29.25	38.86	0.00	0.79	6.36	5.80	6.36	6.59
0.00	0.00	6.65	3.97	6.65	3.97	—	—	0.63	0.55	0.63	0.55
0.00	0.00	4.70	4.22	4.70	4.22	—	—	0.80	0.80	0.80	0.80
—	—	2.06	2.00	2.06	2.00	—	—	0.25	0.24	0.25	0.24
—	—	9.87	6.66	9.87	6.66	—	—	1.58	1.85	1.58	1.85
0.00	0.00	2.42	2.25	2.42	2.25	—	—	0.39	0.36	0.39	0.36
—	—	0.94	0.91	0.94	0.91	—	—	0.17	0.18	0.17	0.18
—	—	0.90	0.92	0.90	0.92	—	—	0.19	0.18	0.19	0.18
0.00	0.03	128.03	80.49	128.03	80.52	0.00	0.00	33.26	59.51	33.26	59.51
—	—	13.99	8.46	13.99	8.46	—	—	2.82	1.73	2.82	1.73
0.00	0.01	24.91	22.75	24.91	22.76	—	—	4.74	3.45	4.74	3.45
—	—	2.08	2.00	2.08	2.00	—	—	0.48	0.48	0.48	0.48
—	—	7.67	5.44	7.67	5.44	—	—	2.66	2.13	2.66	2.13
—	—	2.39	2.11	2.39	2.11	—	—	0.78	0.78	0.78	0.78
—	—	7.04	5.81	7.04	5.81	—	—	1.56	1.13	1.56	1.13
—	—	3.62	3.72	3.62	3.72	—	—	0.66	0.67	0.66	0.67
0.00	0.00	7.47	4.64	7.47	4.64	—	—	1.12	1.05	1.12	1.05
0.00	0.00	5.13	3.84	5.13	3.84	—	—	2.96	2.39	2.96	2.39
0.00	0.04	40.50	23.75	40.50	23.80	—	—	12.71	6.34	12.71	6.34
—	—	1.08	0.91	1.08	0.91	—	—	0.25	0.19	0.25	0.19
0.00	0.00	2.85	2.60	2.85	2.60	—	—	1.23	1.44	1.23	1.44
0.00	0.02	19.37	21.69	19.38	21.70	—	—	3.06	3.78	3.06	3.78
11.49	36.88	861.65	886.48	873.14	923.35	—	—	3.46	3.75	3.46	3.75
—	—	4.43	4.94	4.43	4.94	8.94	134.83	151.18	170.72	160.12	305.55
0.00	0.00	7.46	8.42	7.46	8.43	0.00	0.00	2.20	2.68	2.20	2.68
—	—	2.85	3.17	2.85	3.17	—	—	0.10	0.09	0.10	0.09
—	—	5.42	5.20	5.42	5.20	—	—	0.67	0.62	0.67	0.62
—	—	2.93	2.50	2.93	2.50	—	—	0.22	0.21	0.22	0.21
—	—	1.29	1.21	1.29	1.21	—	—	0.09	0.08	0.09	0.08
—	—	0.88	0.86	0.88	0.86	—	—	0.06	0.05	0.06	0.05
—	—	5.18	4.60	5.18	4.60	—	—	0.24	0.25	0.24	0.25
0.01	0.13	42.88	31.78	42.89	31.91	—	—	7.14	4.53	7.14	4.53
11.52	52.49	1 257.87	1 181.77	1 269.38	1 234.26	8.95	135.62	244.01	278.02	252.96	413.64

2014 年

资金流入 / 资金流出	云南省					
	借记		贷记		小计	
	笔数	金额	笔数	金额	笔数	金额
北京市	0.00	1.08	7.70	7.26	7.71	8.34
天津市	—	—	1.74	0.69	1.74	0.69
河北省	—	—	1.27	1.18	1.27	1.18
山西省	—	—	0.48	0.43	0.48	0.43
内蒙古自治区	—	—	0.35	0.29	0.35	0.29
辽宁省	—	—	0.59	0.54	0.59	0.54
吉林省	—	—	0.28	0.25	0.28	0.25
黑龙江省	—	—	0.32	0.28	0.32	0.28
上海市	0.00	0.00	41.14	51.18	41.14	51.18
江苏省	0.00	0.00	3.04	2.20	3.04	2.20
浙江省	0.00	0.00	5.62	5.34	5.62	5.34
安徽省	—	—	0.68	7.52	0.68	7.52
福建省	—	—	2.54	2.33	2.54	2.33
江西省	0.00	0.00	0.92	0.92	0.92	0.93
山东省	—	—	2.02	1.67	2.02	1.67
河南省	0.00	0.00	0.98	0.99	0.98	0.99
湖北省	—	—	1.40	1.50	1.40	1.50
湖南省	0.00	0.00	1.68	1.78	1.68	1.79
广东省	—	—	10.34	9.74	10.34	9.74
海南省	—	—	0.32	0.28	0.32	0.28
广西壮族自治区	—	—	1.56	1.62	1.56	1.62
重庆市	—	—	1.68	1.83	1.68	1.83
四川省	—	—	5.97	7.03	5.97	7.03
贵州省	—	—	2.26	2.61	2.26	2.61
云南省	14.82	4.26	324.79	334.28	339.62	338.54
西藏自治区	—	—	0.29	0.28	0.29	0.28
陕西省	—	—	0.90	0.89	0.90	0.89
甘肃省	—	—	0.38	0.34	0.38	0.34
青海省	—	—	0.15	0.13	0.15	0.13
宁夏回族自治区	—	—	0.11	0.09	0.11	0.09
新疆维吾尔自治区	—	—	0.39	0.33	0.39	0.33
深圳市	0.00	0.00	10.92	10.49	10.92	10.49
合计	14.83	5.36	432.81	456.31	447.64	461.66

资金流量流向情况季报表

第二季度 单位：万笔、亿元

西藏自治区						陕西省					
借记		贷记		小计		借记		贷记		小计	
笔数	金额	笔数	金额	笔数	金额	笔数	金额	笔数	金额	笔数	金额
0.00	0.02	0.55	0.49	0.55	0.50	0.01	3.18	16.46	13.71	16.47	16.90
—	—	0.03	0.03	0.03	0.03	0.00	0.00	2.36	1.61	2.37	1.62
—	—	0.10	0.12	0.10	0.12	0.00	0.01	3.99	3.71	3.99	3.72
—	—	0.05	0.06	0.05	0.06	—	—	3.65	3.76	3.65	3.76
—	—	0.37	0.36	0.37	0.36	—	—	2.74	2.41	2.74	2.41
—	—	0.05	0.05	0.05	0.05	—	—	1.66	1.53	1.66	1.53
—	—	0.03	0.03	0.03	0.03	—	—	0.66	0.59	0.66	0.59
—	—	0.03	0.03	0.03	0.03	—	—	0.66	0.62	0.66	0.62
—	—	0.53	0.41	0.53	0.41	0.00	0.02	90.53	59.19	90.53	59.20
—	—	0.17	0.18	0.17	0.18	—	—	8.33	5.65	8.33	5.65
—	—	0.27	0.25	0.27	0.25	0.00	0.00	8.73	6.96	8.73	6.97
—	—	0.06	0.08	0.06	0.08	—	—	1.56	1.40	1.56	1.40
—	—	0.09	0.12	0.09	0.12	—	—	3.16	2.58	3.16	2.58
—	—	0.05	0.06	0.05	0.06	—	—	1.16	1.00	1.16	1.00
—	—	0.15	0.16	0.15	0.16	0.00	0.00	5.55	4.76	5.55	4.76
—	—	0.10	0.16	0.10	0.16	0.00	0.00	4.43	4.55	4.43	4.55
—	—	0.11	0.13	0.11	0.13	—	—	3.72	2.54	3.72	2.54
—	—	0.09	0.14	0.09	0.14	0.00	0.00	1.96	1.71	1.96	1.72
—	—	0.78	0.41	0.78	0.41	0.00	0.03	12.52	7.28	12.52	7.30
—	—	0.02	0.03	0.02	0.03	—	—	0.51	0.36	0.51	0.36
—	—	0.05	0.05	0.05	0.05	—	—	1.12	0.94	1.12	0.94
—	—	0.16	0.18	0.16	0.18	—	—	1.84	1.88	1.84	1.88
—	—	1.09	1.22	1.09	1.22	0.00	0.00	4.57	4.56	4.57	4.56
—	—	0.04	0.03	0.04	0.03	—	—	0.86	0.76	0.86	0.76
—	—	0.11	0.15	0.11	0.15	—	—	1.66	1.44	1.66	1.44
0.00	0.01	10.34	46.29	10.34	46.30	—	—	0.95	0.35	0.95	0.35
—	—	0.14	0.16	0.14	0.16	9.48	45.49	480.08	430.89	489.56	476.38
—	—	0.13	0.13	0.13	0.13	—	—	6.55	6.24	6.55	6.24
—	—	0.09	0.13	0.09	0.13	—	—	1.53	1.56	1.53	1.56
—	—	0.01	0.01	0.01	0.01	—	—	2.84	3.35	2.84	3.35
—	—	0.05	0.06	0.05	0.06	0.00	0.01	3.61	3.38	3.61	3.38
—	—	0.70	0.37	0.70	0.37	0.00	0.08	15.34	11.58	15.35	11.65
0.00	0.03	16.56	52.09	16.56	52.11	9.50	48.82	695.31	592.85	704.81	641.67

2014 年

资金流入 / 资金流出	甘肃省					
	借记		贷记		小计	
	笔数	金额	笔数	金额	笔数	金额
北京市	0.00	1.17	5.42	4.87	5.43	6.03
天津市	—	—	0.68	0.40	0.68	0.40
河北省	—	—	1.08	1.10	1.08	1.10
山西省	—	—	0.44	0.43	0.44	0.43
内蒙古自治区	—	—	0.90	0.71	0.90	0.71
辽宁省	—	—	0.48	0.37	0.48	0.37
吉林省	—	—	0.17	0.13	0.17	0.13
黑龙江省	—	—	0.17	0.15	0.17	0.15
上海市	—	—	40.12	45.34	40.12	45.34
江苏省	—	—	2.73	1.44	2.73	1.44
浙江省	—	—	3.03	2.73	3.03	2.73
安徽省	—	—	0.44	0.51	0.44	0.51
福建省	—	—	0.87	0.75	0.87	0.75
江西省	—	—	0.32	0.24	0.32	0.24
山东省	—	—	1.75	1.39	1.75	1.39
河南省	—	—	0.92	1.06	0.92	1.06
湖北省	—	—	0.71	0.65	0.71	0.65
湖南省	—	—	0.52	0.45	0.52	0.45
广东省	—	—	3.31	2.17	3.31	2.17
海南省	—	—	0.17	0.12	0.17	0.12
广西壮族自治区	—	—	0.37	0.31	0.37	0.31
重庆市	—	—	0.48	0.45	0.48	0.45
四川省	—	—	1.52	1.51	1.52	1.51
贵州省	—	—	0.19	0.13	0.19	0.13
云南省	—	—	0.46	0.56	0.46	0.56
西藏自治区	—	—	0.33	0.39	0.33	0.39
陕西省	—	—	4.27	4.10	4.27	4.10
甘肃省	4.19	75.19	171.85	168.58	176.03	243.77
青海省	—	—	2.53	3.40	2.53	3.40
宁夏回族自治区	—	—	1.65	2.09	1.65	2.09
新疆维吾尔自治区	—	—	3.28	2.61	3.28	2.61
深圳市	0.00	0.00	4.16	2.54	4.16	2.54
合计	4.19	76.36	255.30	251.67	259.49	328.03

资金流量流向情况季报表

第二季度　　　　单位：万笔、亿元

青海省						宁夏回族自治区					
借记		贷记		小计		借记		贷记		小计	
笔数	金额	笔数	金额	笔数	金额	笔数	金额	笔数	金额	笔数	金额
0. 00	0. 39	1. 43	1. 23	1. 43	1. 62	0. 00	0. 86	2. 54	2. 50	2. 54	3. 36
—	—	0. 13	0. 09	0. 13	0. 09	—	—	0. 29	0. 27	0. 29	0. 27
—	—	0. 26	0. 28	0. 26	0. 28	—	—	0. 51	0. 65	0. 51	0. 65
—	—	0. 11	0. 13	0. 11	0. 13	—	—	0. 22	0. 26	0. 22	0. 26
—	—	0. 52	0. 24	0. 52	0. 24	—	—	4. 89	2. 75	4. 89	2. 75
—	—	0. 11	0. 11	0. 11	0. 11	—	—	0. 18	0. 17	0. 18	0. 17
—	—	0. 04	0. 03	0. 04	0. 03	—	—	0. 06	0. 06	0. 06	0. 06
—	—	0. 04	0. 04	0. 04	0. 04	—	—	0. 07	0. 05	0. 07	0. 05
—	—	2. 50	1. 90	2. 50	1. 90	—	—	12. 05	8. 24	12. 05	8. 24
—	—	0. 59	0. 57	0. 59	0. 57	—	—	1. 27	0. 80	1. 27	0. 80
—	—	0. 64	0. 67	0. 64	0. 67	—	—	1. 13	1. 11	1. 13	1. 11
—	—	0. 10	0. 11	0. 10	0. 11	—	—	0. 15	0. 17	0. 15	0. 17
—	—	0. 23	0. 28	0. 23	0. 28	—	—	0. 27	0. 25	0. 27	0. 25
—	—	0. 08	0. 07	0. 08	0. 07	—	—	0. 09	0. 08	0. 09	0. 08
—	—	0. 42	0. 45	0. 42	0. 45	—	—	0. 81	0. 87	0. 81	0. 87
—	—	0. 26	0. 33	0. 26	0. 33	—	—	0. 38	0. 44	0. 38	0. 44
—	—	0. 19	0. 21	0. 19	0. 21	—	—	0. 25	0. 23	0. 25	0. 23
—	—	0. 15	0. 16	0. 15	0. 16	—	—	0. 19	0. 18	0. 19	0. 18
—	—	0. 80	0. 58	0. 80	0. 58	—	—	1. 32	0. 79	1. 32	0. 79
—	—	0. 03	0. 03	0. 03	0. 03	—	—	0. 04	0. 04	0. 04	0. 04
—	—	0. 06	0. 06	0. 06	0. 06	—	—	0. 08	0. 07	0. 08	0. 07
—	—	0. 12	0. 14	0. 12	0. 14	—	—	0. 15	0. 16	0. 15	0. 16
—	—	0. 56	0. 64	0. 56	0. 64	—	—	0. 38	0. 42	0. 38	0. 42
—	—	0. 05	0. 04	0. 05	0. 04	—	—	0. 06	0. 04	0. 06	0. 04
—	—	0. 08	0. 07	0. 08	0. 07	—	—	0. 08	0. 08	0. 08	0. 08
—	—	0. 23	0. 25	0. 23	0. 25	—	—	0. 03	0. 02	0. 03	0. 02
—	—	0. 68	0. 72	0. 68	0. 72	—	—	1. 82	1. 98	1. 82	1. 98
—	—	1. 40	1. 36	1. 40	1. 36	—	—	1. 26	1. 43	1. 26	1. 43
0. 57	0. 99	34. 12	38. 09	34. 69	39. 08	—	—	0. 20	0. 23	0. 20	0. 23
—	—	0. 11	0. 17	0. 11	0. 17	0. 15	0. 48	74. 48	84. 39	74. 63	84. 87
—	—	0. 27	0. 27	0. 27	0. 27	—	—	0. 41	0. 45	0. 41	0. 45
—	—	1. 45	0. 79	1. 45	0. 79	—	—	2. 18	1. 14	2. 18	1. 14
0. 57	1. 38	47. 77	50. 12	48. 34	51. 50	0. 15	1. 34	107. 83	110. 32	107. 98	111. 66

2014 年

资金流入 / 资金流出	新疆维吾尔自治区					
	借记		贷记		小计	
	笔数	金额	笔数	金额	笔数	金额
北京市	0.01	19.30	5.82	5.02	5.83	24.32
天津市	0.00	0.00	0.52	0.50	0.52	0.50
河北省	—	—	1.09	1.34	1.09	1.34
山西省	—	—	0.34	0.40	0.34	0.40
内蒙古自治区	—	—	0.30	0.29	0.30	0.29
辽宁省	0.00	0.00	0.42	0.49	0.42	0.49
吉林省	—	—	0.14	0.13	0.14	0.13
黑龙江省	—	—	0.19	0.22	0.19	0.22
上海市	0.00	0.01	54.41	115.70	54.41	115.70
江苏省	0.00	0.00	2.07	1.96	2.07	1.97
浙江省	0.00	0.01	2.46	2.90	2.46	2.91
安徽省	—	—	0.41	0.48	0.41	0.48
福建省	—	—	0.85	0.81	0.85	0.81
江西省	—	—	0.27	0.26	0.27	0.26
山东省	0.00	0.01	2.12	2.32	2.12	2.34
河南省	—	—	1.18	1.62	1.18	1.62
湖北省	—	—	0.96	0.86	0.96	0.86
湖南省	0.00	25.00	0.59	0.70	0.59	25.70
广东省	0.04	0.28	3.47	2.29	3.51	2.57
海南省	—	—	0.14	0.13	0.14	0.13
广西壮族自治区	—	—	0.25	0.23	0.25	0.23
重庆市	—	—	0.51	0.49	0.51	0.49
四川省	—	—	1.63	1.74	1.63	1.74
贵州省	—	—	0.10	0.10	0.10	0.10
云南省	—	—	0.38	0.42	0.38	0.42
西藏自治区	—	—	0.08	0.09	0.08	0.09
陕西省	—	—	1.43	1.45	1.43	1.45
甘肃省	—	—	1.20	1.13	1.20	1.13
青海省	—	—	0.17	0.20	0.17	0.20
宁夏回族自治区	—	—	0.17	0.22	0.17	0.22
新疆维吾尔自治区	109.81	1 604.14	205.12	308.57	314.93	1 912.71
深圳市	0.00	0.01	4.70	2.94	4.70	2.95
合计	109.86	1 648.76	293.51	456.00	403.37	2 104.77

资金流量流向情况季报表

第二季度　　　　　　　　　　　　　　　　　　　　　　单位：万笔、亿元

深圳市						合计					
借记		贷记		小计		借记		贷记		小计	
笔数	金额	笔数	金额	笔数	金额	笔数	金额	笔数	金额	笔数	金额
0.15	48.65	37.50	37.36	37.64	86.01	60.61	1 828.37	1 692.64	2 292.09	1 753.25	4 120.46
0.03	0.15	8.35	7.95	8.38	8.10	23.80	138.31	374.71	381.46	398.50	519.77
0.01	0.10	7.30	7.12	7.30	7.22	15.27	60.87	1 030.50	1 064.03	1 045.77	1 124.90
0.00	0.00	2.86	3.03	2.86	3.03	15.74	83.14	627.86	493.20	643.59	576.34
—	—	1.87	1.85	1.87	1.85	0.52	14.15	347.40	291.97	347.92	306.11
0.01	0.10	6.86	6.58	6.87	6.67	22.55	64.33	562.61	589.22	585.16	653.56
—	—	2.10	1.98	2.10	1.98	1.26	2.95	214.44	222.55	215.69	225.50
0.00	0.02	2.58	2.54	2.58	2.56	13.61	30.79	249.71	258.93	263.32	289.73
0.05	0.64	106.00	77.83	106.05	78.47	44.36	834.93	4 234.44	5 225.43	4 278.79	6 060.36
0.05	0.63	32.69	27.59	32.74	28.22	102.58	3 401.91	1 923.02	2 257.04	2 025.60	5 658.95
0.05	0.42	38.20	32.92	38.25	33.35	146.91	8 208.97	2 726.74	3 022.74	2 873.65	11 231.71
0.00	0.01	5.69	5.37	5.69	5.38	1.66	73.47	653.88	666.89	655.53	740.36
0.01	0.02	22.73	21.60	22.74	21.62	31.67	68.70	1 575.44	1 885.91	1 607.11	1 954.62
0.02	0.05	10.07	9.60	10.09	9.64	0.70	5.29	412.11	464.51	412.80	469.80
0.02	0.10	16.99	15.25	17.01	15.36	14.41	87.99	1 898.23	1 955.71	1 912.64	2 043.70
0.02	0.03	8.21	8.00	8.22	8.03	1.36	0.76	774.70	862.90	776.05	863.67
0.03	0.08	13.59	11.44	13.62	11.53	1.45	7.18	802.93	750.56	804.38	757.74
0.00	0.04	16.79	14.42	16.79	14.47	4.69	54.86	823.35	857.85	828.04	912.71
11.76	57.06	217.73	205.21	229.49	262.27	112.97	626.18	3 129.89	3 269.26	3 242.86	3 895.44
0.00	0.02	3.35	3.46	3.35	3.49	0.79	0.49	149.77	156.75	150.56	157.24
0.00	0.02	11.97	10.20	11.97	10.23	2.75	4.92	546.13	507.50	548.89	512.42
0.04	0.09	6.46	5.81	6.50	5.90	2.84	29.92	371.75	401.72	374.59	431.65
0.00	0.03	14.94	13.82	14.94	13.85	11.65	37.24	1 048.86	1 082.00	1 060.51	1 119.24
0.00	0.00	3.17	3.08	3.17	3.08	8.95	134.85	203.74	226.61	212.69	361.45
0.00	0.01	4.97	5.37	4.97	5.38	14.88	4.49	413.43	440.42	428.31	444.91
—	—	0.23	0.25	0.23	0.25	0.00	0.01	21.00	56.71	21.01	56.72
0.00	0.01	6.65	6.54	6.65	6.56	9.52	45.79	596.80	558.09	606.32	603.88
0.00	0.00	1.90	1.87	1.90	1.87	4.22	75.22	225.14	221.66	229.35	296.88
—	—	0.59	0.73	0.59	0.73	0.58	0.99	53.34	58.99	53.92	59.98
0.00	0.00	0.85	0.88	0.85	0.88	0.15	0.52	99.40	111.23	99.56	111.75
0.00	0.06	2.23	2.46	2.23	2.52	110.01	1 604.81	270.01	378.29	380.01	1 983.10
1.74	6.33	913.11	1 171.71	914.85	1 178.04	27.24	119.17	2 026.50	2 109.17	2 053.74	2 228.35
14.01	114.69	1 528.48	1 723.84	1 542.49	1 838.53	809.67	17 651.58	30 080.44	33 121.40	30 890.12	50 772.98

2014 年

资金流入 / 资金流出	政策性银行		国有商业银行	
	笔数	金额	笔数	金额
政策性银行	0.01	0.06	13.71	34.74
国有商业银行	11.78	31.23	9 523.31	12 340.77
股份制商业银行	1.63	11.14	4 670.00	5 182.44
城市商业银行	1.22	4.09	1 485.17	2 114.82
农村商业银行	0.36	1.01	431.57	742.73
农村信用社	1.34	10.37	1 350.41	2 373.69
外资银行	0.13	0.13	500.14	318.49
中国邮政储蓄银行	0.19	0.78	199.41	222.67
其他	0.01	0.81	122.41	2 377.63
合计	16.66	59.60	18 296.12	25 707.99

资金流量流向情况季报表

第二季度　　　　单位：万笔、亿元

股份制商业银行		城市商业银行		农村商业银行	
笔数	金额	笔数	金额	笔数	金额
1.19	2.99	1.39	5.50	0.46	3.39
4 728.20	6 413.64	1 442.20	2 560.66	515.33	930.37
1 733.78	2 458.88	592.99	935.52	198.43	264.43
437.59	773.05	75.68	223.63	38.02	109.20
101.08	198.32	26.00	81.28	36.14	58.03
261.44	598.37	102.39	379.58	19.43	34.61
157.58	123.20	33.77	24.95	14.71	11.73
39.77	62.14	16.89	28.70	6.85	7.04
83.21	960.93	56.47	509.24	11.66	79.49
7 543.85	11 591.52	2 347.78	4 749.06	841.04	1 498.29

2014 年

资金流入 资金流出	农村信用社		外资银行	
	笔数	金额	笔数	金额
政策性银行	1.98	11.34	0.05	0.04
国有商业银行	1 710.20	2 709.95	126.89	129.75
股份制商业银行	403.56	622.08	61.74	65.83
城市商业银行	149.46	369.28	10.09	12.84
农村商业银行	40.93	58.79	3.88	4.45
农村信用社	91.39	99.55	5.93	5.94
外资银行	18.17	10.41	8.47	9.64
中国邮政储蓄银行	24.26	34.54	0.64	0.88
其他	296.76	218.04	0.80	7.52
合计	2 736.71	4 133.97	218.49	236.90

资金流量流向情况季报表

第二季度　　　　单位：万笔、亿元

中国邮政储蓄银行		其他		合计	
笔数	金额	笔数	金额	笔数	金额
0.43	0.52	0.03	0.03	19.25	58.62
1 062.59	673.91	4.64	33.69	19 125.14	25 823.98
248.76	160.83	0.41	25.27	7 911.30	9 726.42
84.68	57.04	0.22	9.80	2 282.14	3 673.75
24.48	19.18	0.07	0.10	664.50	1 163.89
107.40	83.70	0.96	0.73	1 940.67	3 586.55
6.98	2.82	0.03	0.45	739.99	501.82
5.76	2.67	0.44	0.49	294.22	359.90
27.14	50.30	0.12	3 082.08	598.58	7 286.04
1 568.22	1 050.97	6.92	3 152.66	33 575.79	52 180.96

2014 年

项目 / 行别	提出票据			
	借记		贷记	
	笔数	金额	笔数	金额
政策性银行	0.76	88.03	6.00	1 337.45
国有商业银行	2 193.85	17 530.98	1 281.06	48 983.31
股份制商业银行	995.62	8 030.40	730.49	32 044.61
城市商业银行	301.25	5 592.13	604.58	20 825.95
农村商业银行	247.59	3 925.93	386.50	9 534.76
农村信用社	105.29	874.64	190.98	4 191.08
外资银行	5.10	129.09	25.01	739.09
中国邮政储蓄银行	46.32	499.36	36.21	1 486.42
其他	959.30	859.75	1 094.44	1 928.28
合计	4 855.09	37 530.31	4 355.27	121 070.97

情况季报表

第二季度 单位：万笔、亿元

提入票据				应付总金额	应收总金额
借记		贷记			
笔数	金额	笔数	金额		
3. 17	155. 80	1. 74	896. 81	1 493. 25	984. 84
2 630. 54	18 647. 35	2 514. 31	58 865. 55	67 630. 66	76 396. 53
471. 87	8 930. 70	600. 39	27 479. 95	40 975. 31	35 510. 35
351. 66	4 784. 12	371. 21	12 950. 62	25 610. 08	18 542. 75
279. 09	2 932. 73	331. 21	7 078. 18	12 467. 48	11 004. 11
734. 20	624. 14	165. 29	3 188. 11	4 815. 22	4 062. 75
7. 65	143. 30	11. 14	510. 02	882. 40	639. 11
356. 08	460. 78	236. 29	1 316. 38	1 947. 20	1 815. 74
20. 85	851. 39	123. 70	8 785. 35	2 779. 67	9 645. 11
4 855. 09	37 530. 31	4 355. 27	121 070. 97	158 601. 28	158 601. 28

2014 年

行别 \ 业务量	借记	
	笔数	金额
政策性银行	0. 00	0. 04
国有商业银行	65 403. 67	269 163. 69
股份制商业银行	10 867. 67	119 691. 18
城市商业银行	5 747. 75	77 690. 49
农村商业银行	8 270. 93	67 071. 66
农村信用社	4 233. 48	20 423. 25
外资银行	0. 27	31. 96
中国邮政储蓄银行	0. 38	4. 66
合计	94 524. 16	554 076. 92

支付业务情况季报表

第二季度　　　　　　　　　　　　　　　　　　　　　　　　　　　单位：万笔、亿元

贷记		小计	
笔数	金额	笔数	金额
15.86	3 492.16	15.86	3 492.19
153 003.40	828 892.36	218 407.06	1 098 056.05
21 848.31	372 747.96	32 715.98	492 439.13
4 877.57	135 600.03	10 625.32	213 290.52
6 434.61	88 102.47	14 705.54	155 174.13
5 467.00	38 671.48	9 700.48	59 094.73
35.31	33 361.60	35.59	33 393.56
12 751.85	27 969.47	12 752.23	27 974.13
204 433.90	1 528 837.53	298 958.06	2 082 914.45

2014年

行别＼项目	存现			
	发卡		受理	
	笔数	金额	笔数	金额
政策性银行				
国有商业银行	0.78	0.09		
股份制商业银行	136.73	166.38	31.61	68.50
城市商业银行	81.33	331.54	141.16	378.31
农村商业银行	2.28	9.56	46.43	60.75
农村信用社	4.77	1.21	5.52	1.36
外资银行	0.01	0.01		
中国邮政储蓄银行	0.01			
其他	0.46	2.57	1.65	2.44
合计	226.37	511.36	226.37	511.36

第二季度　　单位：万笔、亿元

取现							
ATM				柜面			
发卡		受理		发卡		受理	
笔数	金额	笔数	金额	笔数	金额	笔数	金额
37 406. 95	4 196. 59	42 627. 94	5 044. 62	163. 74	23. 07		
19 935. 81	2 438. 25	12 247. 79	1 307. 89	50. 40	127. 10	20. 26	76. 97
9 984. 10	1 203. 33	4 356. 07	451. 98	91. 11	366. 18	83. 62	387. 45
1 581. 63	181. 85	4 840. 90	494. 48	8. 60	13. 89	17. 50	38. 13
7 919. 68	936. 29	11 173. 46	1 224. 68	17. 53	3. 33	214. 13	30. 65
174. 07	29. 47	83. 05	10. 35	0. 03	0. 01		
7 243. 85	550. 39	8 031. 97	833. 81	34. 23	3. 60	27. 57	4. 62
329. 85	57. 11	1 214. 76	225. 47	0. 94	3. 57	3. 50	2. 93
84 575. 94	9 593. 28	84 575. 94	9 593. 28	366. 58	540. 75	366. 58	540. 75

2014 年

项目 行别	POS 消费			
	发卡		收单	
	笔数	金额	笔数	金额
政策性银行				
国有商业银行	94 546.70	37 818.62	82 481.21	18 368.60
股份制商业银行	80 176.97	20 370.34	33 477.05	24 858.64
城市商业银行	6 868.60	2 892.68	7 406.22	2 626.91
农村商业银行	2 417.44	977.11	3 014.17	609.22
农村信用社	6 623.06	4 848.84	5 258.91	2 704.84
外资银行	263.73	77.73	48.56	32.34
中国邮政储蓄银行	9 548.75	2 723.27	2 997.73	687.38
其他	253.34	103.11	66 014.74	19 923.77
合计	200 698.59	69 811.70	200 698.59	69 811.70

交易情况季报表

第二季度

单位：万笔、亿元

转账							
ATM				柜面			
发卡		受理		发卡		受理	
笔数	金额	笔数	金额	笔数	金额	笔数	金额
845.10	491.42	858.07	481.16				
214.07	102.03	195.56	94.50	0.61	8.23	0.06	0.43
185.07	93.27	131.35	83.69	5.44	53.80	6.08	62.82
98.96	30.23	124.91	35.82	0.25	3.78	0.15	2.69
332.37	180.16	356.60	191.91		0.02		
1.22	0.85	0.84	0.68				
171.96	51.91	159.52	50.93				
6.60	4.46	28.50	15.64	0.07	0.78	0.08	0.67
1 855.35	954.33	1 855.35	954.33	6.37	66.61	6.37	66.61

三、银行结算账户类报表

银行结算账户数量

2014 年

账户性质 / 行别	本地存款人					异地存							
	基本存款账户	一般存款账户	专用存款账户	临时存款账户	小计	基本存款账户				一般存款账户			
						同一地市	同一省市	不同省市	小计	同一地市	同一省市	不同省市	小计
政策性银行	46 219	41 823	67 959	512	156 513	1 576	67	35	1 678	6 804	17 938	3 092	27 834
国有商业银行	12 625 221	4 205 560	1 668 002	50 468	18 549 251	144 993	25 214	11 469	181 676	258 645	150 476	157 369	566 490
股份制银行	2 343 289	2 278 615	213 175	7 451	4 842 530	26 825	7 075	7 186	41 086	207 000	203 614	147 611	558 225
城市商业银行	2 533 843	1 623 145	221 245	12 415	4 390 648	40 409	5 497	5 626	51 532	130 805	91 794	64 805	287 404
农村商业银行	1 315 987	368 425	78 320	2 260	1 764 992	13 467	2 585	830	16 882	24 106	13 003	9 431	46 540
城市信用社	23 519	11 582	1 414	282	36 797	420	24	10	454	2 014	606	494	3 114
农村信用社	3 488 837	928 324	328 326	18 948	4 764 435	33 518	5 448	1 415	40 381	90 254	35 004	20 926	146 184
外资银行	22 404	86 735	4 204	36	113 379	171	46	1 137	1 354	4 551	10 379	29 151	44 081
中国邮政储蓄银行	278 935	217 362	41 822	2 887	541 006	2 562	335	90	2 987	11 830	5 801	3 171	20 802
其他	70 651	144 408	8 613	927	224 599	1 131	292	20	1 443	13 119	4 892	2 268	20 279
合计	22 748 905	9 905 979	2 633 080	96 186	35 384 150	265 072	46 583	27 818	339 473	749 128	533 507	438 318	1 720 953

季报表（按行别）

第二季度　　　　　　　　　　　　　　　　　　　　　　　　　　　　　　　　　　　单位：户

款人									个人银行账户	合计
专用存款账户				临时存款账户				小计		
同一地市	同一省市	不同省市	小计	同一地市	同一省市	不同省市	小计			
4 490	1 348	318	6 156	146	437	426	1 009	36 677	66	193 256
40 876	25 312	31 031	97 219	9 001	33 867	45 929	88 797	934 182	3 637 075 506	3 656 558 939
6 718	8 374	33 197	48 289	200	1 359	3 484	5 043	652 643	678 406 512	683 901 685
8 122	4 580	8 369	21 071	713	3 173	3 773	7 659	367 666	269 217 609	273 975 923
1 365	695	623	2 683	185	472	799	1 456	67 561	118 541 526	120 374 079
58	22	66	146	22	80	60	162	3 876	2 587 289	2 627 962
9 725	5 271	1 649	16 645	2 644	6 247	4 072	12 963	216 173	641 775 163	646 755 771
125	472	900	1 497			25	25	46 957	2 858 311	3 018 647
1 468	807	627	2 902	348	955	617	1 920	28 611	668 555 945	669 125 562
504	380	232	1 116	149	471	318	938	23 776	4 036 969	4 285 344
73 451	47 261	77 012	197 724	13 408	47 061	59 503	119 972	2 378 122	6 023 054 896	6 060 817 168

银行结算账户数量季报表

2014 年

行别 \ 账户性质 \ 注册资金规模	100 万元以下				100 万～1 000 万元			
	基本存款账户	一般存款账户	专用存款账户	临时存款账户	基本存款账户	一般存款账户	专用存款账户	临时存款账户
政策性银行	21 097	14 573	25 631	502	16 283	12 207	19 125	113
国有商业银行	10 364 115	2 212 295	1 067 145	55 628	1 887 224	1 444 334	302 979	15 455
股份制商业银行	1 878 213	1 065 904	85 324	7 553	377 588	841 286	35 394	580
城市商业银行	2 128 195	860 355	116 392	12 829	367 494	589 542	54 808	1 309
农村商业银行	1 151 741	209 019	54 916	2 487	147 023	122 832	13 092	319
城市信用社	20 223	5 196	858	292	3 121	5 571	347	48
农村信用社	3 003 156	520 640	250 142	19 074	438 974	343 100	49 966	2 891
外资银行	17 996	35 347	1 028	36	3 350	37 811	1 245	2
中国邮政储蓄银行	257 803	122 329	33 062	2 850	21 304	67 886	5 240	386
其他	56 186	69 143	4 984	943	13 315	56 203	1 870	129
合计	18 898 725	5 114 801	1 639 482	102 194	3 275 676	3 520 772	484 066	21 232

（按注册资金规模）

第二季度 单位：户

1 000 万～1 亿元				1 亿元以上				小计				合计
基本存款账户	一般存款账户	专用存款账户	临时存款账户	基本存款账户	一般存款账户	专用存款账户	临时存款账户	基本存款账户	一般存款账户	专用存款账户	临时存款账户	
8 922	21 708	20 364	433	1 595	21 169	8 995	473	47 897	69 657	74 115	1 521	193 190
482 446	880 603	250 755	36 232	73 112	234 818	144 342	31 950	12 806 897	4 772 050	1 765 221	139 265	19 483 433
110 744	669 933	46 883	1 475	17 830	259 717	93 863	2 886	2 384 375	2 836 840	261 464	12 494	5 495 173
81 535	358 852	42 137	3 370	8 151	101 800	28 979	2 566	2 585 375	1 910 549	242 316	20 074	4 758 314
31 705	67 139	9 298	553	2 400	15 975	3 697	357	1 332 869	414 965	81 003	3 716	1 832 553
573	3 409	255	70	56	520	100	34	23 973	14 696	1 560	444	40 673
81 955	179 842	35 077	7 240	5 133	30 926	9 786	2 706	3 529 218	1 074 508	344 971	31 911	4 980 608
1 521	35 323	1 827	4	891	22 335	1 601	19	23 758	130 816	5 701	61	160 336
2 634	38 410	4 396	1 036	181	9 539	2 026	535	281 922	238 164	44 724	4 807	569 617
2 411	32 978	2 191	510	182	6 363	684	283	72 094	164 687	9 729	1 865	248 375
804 446	2 288 197	413 183	50 923	109 531	703 162	294 073	41 809	23 088 378	11 626 932	2 830 804	216 158	37 762 272

2014 年

行业分类 / 账户性质 / 行别	A 农、林、牧、渔业				B 采掘业			
	基本存款账户	一般存款账户	专用存款账户	临时存款账户	基本存款账户	一般存款账户	专用存款账户	临时存款账户
政策性银行	22 891	6 895	22 864	74	77	610	109	1
国有商业银行	580 241	172 087	61 686	3 144	87 321	43 087	20 254	1 076
股份制商业银行	29 935	72 626	3 337	113	3 196	22 689	1 118	28
城市商业银行	78 784	65 963	6 603	450	7 504	15 153	2 320	67
农村商业银行	112 935	14 581	3 668	113	3 312	1 510	279	12
城市信用社	1 593	1 465	78	20	362	325	24	1
农村信用社	493 837	59 658	24 235	1 505	32 431	14 698	5 624	232
外资银行	127	1 731	38		35	478	4	
中国邮政储蓄银行	18 004	13 641	2 155	142	1 079	2 867	245	19
其他	10 848	14 639	757	42	401	2 098	141	11
合计	1 349 195	423 286	125 421	5 603	135 718	103 515	30 118	1 447

季报表（按行业归属）

第二季度　　　　　　　　　　　　　　　　　　　　　　　　　　　　　　单位：户

C 制造业				D 电力、燃气及水的生产和供应业				E 建筑业			
基本存款账户	一般存款账户	专用存款账户	临时存款账户	基本存款账户	一般存款账户	专用存款账户	临时存款账户	基本存款账户	一般存款账户	专用存款账户	临时存款账户
2 471	8 874	5 514	14	466	2 952	804	17	492	8 383	2 005	800
1 552 330	973 179	186 942	3 299	88 149	49 824	34 825	2 021	460 189	287 045	93 793	69 039
147 647	534 520	24 660	291	7 875	27 466	2 396	84	73 376	145 430	12 804	4 562
209 707	343 289	23 925	558	9 558	16 597	2 407	152	90 317	121 637	19 369	6 378
317 476	119 746	16 725	181	6 105	3 468	595	25	41 068	25 482	2 738	1 009
2 302	3 571	146	10	148	194	20	2	683	909	91	103
562 314	241 559	16 479	779	32 646	12 767	5 608	409	90 654	66 179	12 658	10 945
1 879	45 474	2 403		43	898	43		508	2 787	76	25
12 078	47 550	771	102	1 269	3 920	809	69	6 714	12 446	2 178	1 683
4 410	43 918	795	25	349	1 760	158	26	2 583	9 763	635	768
2 812 614	2 361 680	278 360	5 259	146 608	119 846	47 665	2 805	766 584	680 061	146 347	95 312

2014 年

行业分类 / 账户性质 / 行别	F 交通运输、仓储和邮政业				G 信息传输、计算机服务和软件业			
	基本存款账户	一般存款账户	专用存款账户	临时存款账户	基本存款账户	一般存款账户	专用存款账户	临时存款账户
政策性银行	3 289	2 222	4 055	42	49	672	49	6
国有商业银行	286 296	114 917	60 544	4 328	399 126	126 771	48 196	779
股份制商业银行	37 242	61 194	4 211	279	147 409	104 163	5 574	119
城市商业银行	40 591	38 867	4 858	468	98 022	64 157	5 891	97
农村商业银行	24 429	9 049	975	155	19 486	6 336	583	13
城市信用社	350	262	33	9	508	116	1	1
农村信用社	54 621	21 417	5 690	1 491	48 840	18 833	1 874	69
外资银行	420	3 325	112		1 593	4 988	119	
中国邮政储蓄银行	5 274	7 431	3 077	215	8 545	6 858	956	13
其他	1 340	3 001	131	45	1 245	1 863	46	7
合计	453 852	261 685	83 686	7 032	724 823	334 757	63 289	1 104

季报表（按行业归属）

第二季度 单位：户

H批发和零售业				I住宿和餐饮业				J金融业			
基本存款账户	一般存款账户	专用存款账户	临时存款账户	基本存款账户	一般存款账户	专用存款账户	临时存款账户	基本存款账户	一般存款账户	专用存款账户	临时存款账户
7 559	6 824	8 326	18	117	257	91		1 869	2 268	5 081	1
4 739 243	1 503 686	271 324	5 355	292 808	80 621	17 901	342	59 520	45 697	80 409	367
972 873	975 724	26 881	788	56 466	38 705	1 630	61	15 488	31 964	62 352	62
1 091 090	654 322	39 191	1 776	56 253	28 872	2 760	126	13 937	15 125	13 965	44
416 573	125 481	8 389	133	28 764	5 499	342	8	2 232	3 122	2 306	10
9 322	3 691	110	18	645	261	17		123	165	154	3
964 587	333 271	15 548	1 951	74 065	17 923	1 481	147	9 948	7 124	10 734	127
9 149	37 133	1 046	2	610	1 599	32		449	1 786	669	1
138 284	71 549	1 299	126	7 663	3 884	106	9	2 557	1 320	2 509	7
25 730	42 445	754	24	1 829	2 390	56	2	1 004	2 591	1 231	16
8 374 410	3 754 126	372 868	10 191	519 220	180 011	24 416	695	107 127	111 162	179 410	638

2014 年

行业分类 / 账户性质 / 行别	K 房地产业				L 租赁和商务服务业			
	基本存款账户	一般存款账户	专用存款账户	临时存款账户	基本存款账户	一般存款账户	专用存款账户	临时存款账户
政策性银行	353	4 011	1 286	19	322	2 727	848	11
国有商业银行	228 359	292 529	102 676	3 394	568 777	163 663	58 579	1 523
股份制商业银行	44 686	135 446	16 009	109	164 592	118 619	8 864	193
城市商业银行	37 532	81 018	12 599	286	116 749	70 884	6 270	182
农村商业银行	12 738	18 590	4 413	67	37 575	12 466	1 125	22
城市信用社	392	820	70	20	544	308	11	3
农村信用社	36 616	53 479	14 057	824	64 749	28 195	2 761	215
外资银行	350	5 588	194	1	3 393	6 829	336	1
中国邮政储蓄银行	2 590	10 142	1 439	95	11 323	6 038	349	43
其他	1 063	6 019	501	52	2 925	4 378	155	8
合计	364 679	607 642	153 244	4 867	970 949	414 107	79 298	2 201

季报表（按行业归属）

第二季度　　　　单位：户

M科学研究、技术服务和地质勘查业				N水利、环境和公共设施管理业				O居民服务和其他服务业			
基本存款账户	一般存款账户	专用存款账户	临时存款账户	基本存款账户	一般存款账户	专用存款账户	临时存款账户	基本存款账户	一般存款账户	专用存款账户	临时存款账户
92	644	108	11	797	2 745	2 495	169	487	3 433	1 267	24
176 471	45 907	26 563	1 723	79 937	29 137	31 358	7 909	1 236 542	276 113	77 677	4 513
46 482	34 474	3 163	88	11 118	19 285	3 505	561	244 615	157 233	10 262	678
27 804	21 583	2 813	137	12 749	13 854	4 406	982	256 501	114 909	13 838	938
7 273	2 531	260	14	5 832	2 781	817	286	87 321	19 037	4 244	125
176	53	14	1	110	94	25	21	2 482	763	53	23
20 676	7 377	857	213	19 774	7 258	5 187	2 074	297 780	61 134	18 207	1 231
563	1 644	76		61	375	12		1 542	4 704	141	5
3 723	1 515	135	42	1 558	1 742	956	727	37 747	15 570	2 324	345
564	967	45	15	384	1 373	253	191	4 664	8 197	484	63
283 824	116 695	34 034	2 244	132 320	78 644	49 014	12 920	2 169 681	661 093	128 497	7 945

2014 年

行业分类 / 账户性质 / 行别	P 教育				Q 卫生、社会保障和社会福利业			
	基本存款账户	一般存款账户	专用存款账户	临时存款账户	基本存款账户	一般存款账户	专用存款账户	临时存款账户
政策性银行	62	532	134	8	90	558	428	1
国有商业银行	145 053	21 734	58 856	379	134 483	35 216	80 910	751
股份制商业银行	17 286	16 236	4 674	33	13 383	13 965	4 607	93
城市商业银行	25 523	8 333	7 320	84	21 387	12 121	8 540	166
农村商业银行	14 883	1 584	3 496	54	12 088	2 265	3 033	32
城市信用社	359	89	18	2	222	136	86	9
农村信用社	72 144	4 756	17 371	171	61 675	7 757	24 340	250
外资银行	89	249	7		60	216	6	2
中国邮政储蓄银行	4 167	1 405	1 256	20	3 693	3 236	5 756	71
其他	1 269	633	152	9	506	990	270	19
合计	280 835	55 551	93 284	760	247 587	76 460	127 976	1 394

季报表（按行业归属）

第二季度　　　　　　　　　　　　　　　　　　　　　　　单位：户

R 文化、教育和娱乐业				S 公共管理与社会组织				T 其他行业			
基本存款账户	一般存款账户	专用存款账户	临时存款账户	基本存款账户	一般存款账户	专用存款账户	临时存款账户	基本存款账户	一般存款账户	专用存款账户	临时存款账户
69	434	91	3	970	3 956	7 275	40	5 375	10 660	11 285	262
214 042	40 571	30 100	1 127	375 331	37 396	231 833	8 431	1 102 679	432 870	190 795	19 765
59 675	28 708	2 880	413	33 816	17 135	16 832	1 012	257 215	281 258	45 705	2 927
40 825	18 316	3 373	355	48 142	15 090	25 948	1 523	302 400	190 459	35 920	5 305
11 298	2 288	705	33	41 914	4 558	15 470	338	129 567	34 591	10 840	1 086
340	66	16	11	652	220	373	51	2 660	1 188	220	136
38 351	7 709	3 089	189	174 279	12 314	101 901	2 422	379 231	91 100	57 270	6 667
568	712	12	6	165	185	35	5	2 154	10 115	340	13
4 257	2 204	422	33	8 977	5 037	12 105	647	2 420	19 809	5 877	399
1 128	919	59	10	1 552	2 711	1 889	134	8 300	14 032	1 217	398
370 553	101 927	40 747	2 180	685 798	98 602	413 661	14 603	2 192 001	1 086 082	359 469	36 958

银行结算账户数量

2014 年

行别 \ 账户性质 \ 行业分类	小	
	基本存款账户	一般存款账户
政策性银行	47 897	69 657
国有商业银行	12 806 897	4 772 050
股份制商业银行	2 384 375	2 836 840
城市商业银行	2 585 375	1 910 549
农村商业银行	1 332 869	414 965
城市信用社	23 973	14 696
农村信用社	3 529 218	1 074 508
外资银行	23 758	130 816
中国邮政储蓄银行	281 922	238 164
其他	72 094	164 687
合计	23 088 378	11 626 932

季报表（按行业归属）

第二季度 单位：户

计		合计
专用存款账户	临时存款账户	
74 115	1 521	193 190
1 765 221	139 265	19 483 433
261 464	12 494	5 495 173
242 316	20 074	4 758 314
81 003	3 716	1 832 553
1 560	444	40 673
344 971	31 911	4 980 608
5 701	61	160 336
44 724	4 807	569 617
9 729	1 865	248 375
2 830 804	216 158	37 762 272

银行结算账户数量季报表

2014 年

存款人类别 / 账户性质 / 行别	企业法人				非法人企业				机关、事业单位			
	基本存款账户	一般存款账户	专用存款账户	临时存款账户	基本存款账户	一般存款账户	专用存款账户	临时存款账户	基本存款账户	一般存款账户	专用存款账户	临时存款账户
政策性银行	41 072	58 572	56 584	976	2 375	2 092	3 585	28	2 851	7 426	13 527	4
国有商业银行	7 930 332	4 084 178	1 005 016	83 921	984 887	261 784	139 922	4 054	491 422	72 290	566 541	408
股份制商业银行	1 595 963	2 527 244	197 206	4 900	179 848	99 328	17 725	120	23 898	29 948	40 750	17
城市商业银行	1 555 445	1 691 205	159 203	7 296	187 851	77 235	11 186	304	55 950	28 955	64 135	27
农村商业银行	667 530	348 820	39 031	1 334	178 260	25 965	4 865	81	28 445	6 678	26 227	3
城市信用社	12 710	12 736	783	148	1 570	555	45	10	746	434	687	1
农村信用社	1 480 048	904 848	106 796	12 328	324 048	56 909	11 490	535	190 667	22 190	196 153	79
外资银行	16 204	123 593	5 149	25	1 734	4 316	179		6	108	41	
中国邮政储蓄银行	112 329	186 862	11 777	1 834	17 169	16 082	4 854	75	8 390	8 443	26 259	7
其他	39 404	139 184	5 418	894	6 711	8 129	396	39	971	3 011	3 252	6
合计	13 451 037	10 077 242	1 586 963	113 656	1 884 453	552 395	194 247	5 246	803 346	179 483	937 572	552

（按存款人类别）

第二季度　　　　　　　　　　　　　　　　　　　　　　　　　　　　单位：户

社会团体				民办非企业组织				异地常设机构			
基本存款账户	一般存款账户	专用存款账户	临时存款账户	基本存款账户	一般存款账户	专用存款账户	临时存款账户	基本存款账户	一般存款账户	专用存款账户	临时存款账户
203	136	47	0	104	119	24		1	5	1	
277 418	10 144	10 330	113	123 677	18 543	8 327	2	6 528	563	486	7
38 105	6 308	1 142	2	19 256	8 920	1 935	1	2 233	358	33	
46 040	3 910	1 308	2	30 534	7 100	1 170	1	1 347	281	27	
26 656	1 034	2 501	0	14 050	1 410	489	1	59	14	3	
543	32	13	0	493	83	2		3			
73 842	2 110	2 711	2	51 459	4 014	701	3	269	50	25	
166	73	5	0	33	122			14	18		
5 889	768	424	0	4 405	1 269	227		6	11	2	
1 585	638	107	0	1 491	671	32	1				
470 447	25 153	18 588	119	245 502	42 251	12 907	9	10 460	1 300	577	7

银行结算账户数量季报表

2014 年

存款人类别 / 账户性质 / 行别	外国驻华机构				个体工商户				居民委员会、村民委员会、社区委员会			
	基本存款账户	一般存款账户	专用存款账户	临时存款账户	基本存款账户	一般存款账户	专用存款账户	临时存款账户	基本存款账户	一般存款账户	专用存款账户	临时存款账户
政策性银行	1	7			761	772	164	2	34	114	8	
国有商业银行	11 653	795	537	6	2 774 542	290 829	15 066	339	28 377	9 790	5 277	
股份制商业银行	4 186	613	44		495 544	145 022	1 073	9	1 287	2 577	390	
城市商业银行	1 185	173	34		660 117	89 593	2 656	43	5 241	3 887	1 137	
农村商业银行	32	11			336 291	27 333	1 672	39	33 188	1 508	4 180	
城市信用社					7 448	695	9	1	200	68	11	
农村信用社	109	29		1	1 015 122	72 887	2 893	58	197 887	5 228	18 431	
外资银行	647	349	67		1 624	768	1		2	8		
中国邮政储蓄银行	11	3			123 912	20 511	160	8	2 933	1 995	628	
其他		1			18 645	10 019	123	2	902	1 443	225	
合计	17 824	1 981	682	7	5 434 006	658 429	23 817	501	270 051	26 618	30 287	

（按存款人类别）

第二季度　　　　　　　　　　　　　　　　　　　　　　　　单位：户

单位设立的独立核算的附属机构				其他组织				小　计				合计
基本存款账户	一般存款账户	专用存款账户	临时存款账户	基本存款账户	一般存款账户	专用存款账户	临时存款账户	基本存款账户	一般存款账户	专用存款账户	临时存款账户	
43	16	10	1	452	398	165	510	47 897	69 657	74 115	1 521	193 190
25 136	1 054	2 103	30	152 925	22 080	11 616	50 385	12 806 897	4 772 050	1 765 221	139 265	19 483 433
2 636	408	139		21 419	16 114	1 027	7 445	2 384 375	2 836 840	261 464	12 494	5 495 173
4 299	345	144	1	37 366	7 865	1 316	12 400	2 585 375	1 910 549	242 316	20 074	4 758 314
3 932	88	59		44 426	2 104	1 976	2 258	1 332 869	414 965	81 003	3 716	1 832 553
24	4	2		236	89	8	284	23 973	14 696	1 560	444	40 673
12 837	296	561	1	182 930	5 947	5 210	18 904	3 529 218	1 074 508	344 971	31 911	4 980 608
2	1			3 326	1 460	259	36	23 758	130 816	5 701	61	160 336
205	176	93		6 673	2 044	300	2 883	281 922	238 164	44 724	4 807	569 617
89	32	8		2 296	1 559	168	923	72 094	164 687	9 729	1 865	248 375
49 203	2 420	3 119	33	452 049	59 660	22 045	96 028	23 088 378	11 626 932	2 830 804	216 158	37 762 272

附录三

支付业务地域及行别分布状况

表格 1　票据业务量分地区（按业务笔数）

单位：万笔

地区	业务量	地区	业务量
北京	679. 83	湖北	534. 78
天津	303. 68	湖南	310. 89
河北	382. 85	广东	1 356. 38
山西	246. 26	海南	61. 62
内蒙古	368. 60	广西	269. 38
辽宁	690. 67	重庆	520. 44
吉林	159. 49	四川	604. 75
黑龙江	300. 10	贵州	219. 35
上海	678. 96	云南	290. 26
江苏	1 302. 98	西藏	23. 86
浙江	1 165. 03	陕西	290. 80
安徽	434. 82	甘肃	299. 95
福建	325. 64	青海	61. 57
江西	328. 45	宁夏	87. 57
山东	857. 32	新疆	412. 17
河南	672. 57	深圳	289. 96

表格 2　票据业务量分地区（按业务金额）

单位：亿元

地区	业务量	地区	业务量
北京	109 521. 60	湖北	17 160. 72
天津	162 33. 59	湖南	12 635. 62
河北	15 845. 94	广东	48 154. 48
山西	10 027. 25	海南	2 276. 78
内蒙古	8 425. 17	广西	12 140. 78
辽宁	17 996. 90	重庆	16 554. 77
吉林	7 435. 07	四川	22 452. 31
黑龙江	6 217. 79	贵州	7 109. 07
上海	34 151. 22	云南	11 285. 27
江苏	68 071. 22	西藏	559. 80
浙江	57 842. 43	陕西	15 318. 28
安徽	21 312. 35	甘肃	4 590. 92
福建	22 163. 56	青海	4 092. 14
江西	9 229. 73	宁夏	2 342. 68
山东	44 412. 03	新疆	9 300. 83
河南	20 630. 20	深圳	18 266. 29

表格3　票据业务量分行别（按业务笔数）

行别	排名	行别	排名
中国工商银行	1	韩亚银行	30
中国银行	2	友利银行	31
城市商业银行	3	瑞穗实业银行	32
中国农业银行	4	渣打银行	33
农村信用社	5	东方汇理银行	34
农村商业银行	6	三井住友银行	35
中国建设银行	7	新韩银行	36
交通银行	8	南洋商业银行	37
广发银行	9	花旗银行	38
农村合作银行	10	外换银行	39
上海浦东发展银行	11	星展银行	40
招商银行	12	恒生银行	41
中信银行	13	华一银行	42
中国邮政储蓄银行	14	大华银行	43
兴业银行	15	首都银行	44
中国民生银行	16	法国兴业银行	45
中国光大银行	17	中国进出口银行	46
华夏银行	18	澳大利亚和新西兰银行	47
平安银行	19	大新银行	48
中国农业发展银行	20	德意志银行	49
恒丰银行	21	华商银行	50
渤海银行	22	法国巴黎银行	51
浙商银行	23	永亨银行	52
外国银行分行	24	华侨银行	53
东亚银行	25	苏格兰皇家银行	54
汇丰银行	26	盘谷银行	55
企业银行	27	摩根大通银行	56
三菱东京日联银行	28	华美银行	57
国家开发银行	29	中信银行国际	58

表格 4　票据业务量分行别（按业务金额）

行别	排名	行别	排名
中国工商银行	1	南洋商业银行	30
城市商业银行	2	韩亚银行	31
中国建设银行	3	渣打银行	32
中国农业银行	4	三井住友银行	33
中国银行	5	三菱东京日联银行	34
农村商业银行	6	恒生银行	35
上海浦东发展银行	7	瑞穗实业银行	36
交通银行	8	花旗银行	37
农村信用社	9	外换银行	38
兴业银行	10	企业银行	39
中信银行	11	友利银行	40
招商银行	12	星展银行	41
中国光大银行	13	新韩银行	42
中国民生银行	14	东方汇理银行	43
华夏银行	15	首都银行	44
广发银行	16	大新银行	45
平安银行	17	华侨银行	46
农村合作银行	18	永亨银行	47
中国农业发展银行	19	大华银行	48
中国邮政储蓄银行	20	法国巴黎银行	49
恒丰银行	21	德意志银行	50
国家开发银行	22	盘谷银行	51
渤海银行	23	澳大利亚和新西兰银行	52
浙商银行	24	苏格兰皇家银行	53
东亚银行	25	法国兴业银行	54
中国进出口银行	26	华一银行	55
外国银行分行	27	华美银行	56
汇丰银行	28	摩根大通银行	57
华商银行	29	中信银行国际	58

表格5　支票业务量分地区（按业务笔数）

单位：万笔

地区	业务量	地区	业务量
北京	672.46	湖北	516.65
天津	297.43	湖南	302.08
河北	367.36	广东	1339.87
山西	235.37	海南	61.26
内蒙古	364.14	广西	266.12
辽宁	675.34	重庆	509.33
吉林	156.66	四川	595.55
黑龙江	296.93	贵州	216.73
上海	658.46	云南	288.10
江苏	1 149.67	西藏	23.85
浙江	1 005.00	陕西	285.07
安徽	396.23	甘肃	297.02
福建	312.83	青海	61.34
江西	319.57	宁夏	85.00
山东	791.86	新疆	407.99
河南	637.15	深圳	282.46

表格6　支票业务量分地区（按业务金额）

单位：亿元

地区	业务量	地区	业务量
北京	107 190.29	湖北	15 165.88
天津	14 319.83	湖南	11 079.16
河北	13 576.14	广东	44 868.16
山西	8 644.69	海南	2 168.76
内蒙古	7 619.93	广西	11 482.40
辽宁	15 387.74	重庆	15 112.46
吉林	6 846.91	四川	20 754.37
黑龙江	5 827.85	贵州	6 644.91
上海	31 591.88	云南	10 537.95
江苏	56 561.57	西藏	558.03
浙江	44 732.90	陕西	14 589.96
安徽	19 202.42	甘肃	4 215.69
福建	20 240.55	青海	4 055.61
江西	8 387.10	宁夏	2 088.57
山东	38 500.82	新疆	8 868.37
河南	18 392.13	深圳	17 022.26

表格7　支票业务量分行别（按业务笔数）

行别	排名	行别	排名
中国工商银行	1	友利银行	29
中国银行	2	东方汇理银行	30
中国农业银行	3	韩亚银行	31
城市商业银行	4	瑞穗实业银行	32
农村信用社	5	三井住友银行	33
农村商业银行	6	新韩银行	34
中国建设银行	7	国家开发银行	35
交通银行	8	渣打银行	36
广发银行	9	外换银行	37
农村合作银行	10	花旗银行	38
上海浦东发展银行	11	星展银行	39
招商银行	12	恒生银行	40
中国邮政储蓄银行	13	华一银行	41
中信银行	14	南洋商业银行	42
兴业银行	15	大华银行	43
华夏银行	16	法国兴业银行	44
中国民生银行	17	澳大利亚和新西兰银行	45
中国光大银行	18	中国进出口银行	46
平安银行	19	华商银行	47
中国农业发展银行	20	法国巴黎银行	48
恒丰银行	21	苏格兰皇家银行	49
外国银行分行	22	永亨银行	50
渤海银行	23	德意志银行	51
浙商银行	24	盘谷银行	52
东亚银行	25	首都银行	53
汇丰银行	26	大新银行	54
企业银行	27	华侨银行	55
三菱东京日联银行	28	摩根大通银行	56

表格8　支票业务量分行别（按业务金额）

行别	排名	行别	排名
中国工商银行	1	汇丰银行	29
城市商业银行	2	三井住友银行	30
中国建设银行	3	韩亚银行	31
中国农业银行	4	南洋商业银行	32
中国银行	5	三菱东京日联银行	33
农村商业银行	6	恒生银行	34
农村信用社	7	瑞穗实业银行	35
交通银行	8	渣打银行	36
上海浦东发展银行	9	友利银行	37
兴业银行	10	东方汇理银行	38
中信银行	11	企业银行	39
招商银行	12	星展银行	40
华夏银行	13	外换银行	41
中国光大银行	14	永亨银行	42
中国民生银行	15	大华银行	43
广发银行	16	花旗银行	44
农村合作银行	17	法国巴黎银行	45
平安银行	18	首都银行	46
中国农业发展银行	19	新韩银行	47
中国邮政储蓄银行	20	苏格兰皇家银行	48
恒丰银行	21	大新银行	49
国家开发银行	22	盘谷银行	50
渤海银行	23	法国兴业银行	51
浙商银行	24	华侨银行	52
东亚银行	25	华一银行	53
外国银行分行	26	澳大利亚和新西兰银行	54
中国进出口银行	27	德意志银行	55
华商银行	28	摩根大通银行	56

表格 9　各地区支票出票人违规情况列表（按业务笔数）

单位：笔

地区	支票违规笔数	地区	支票违规笔数
北京	73	湖北	19
天津	743	湖南	
河北	8	广东	27 003
山西		海南	
内蒙古		广西	
辽宁	815	重庆	88
吉林		四川	145
黑龙江		贵州	1
上海	9 717	云南	100
江苏	44	西藏	
浙江	2 122	陕西	16
安徽		甘肃	
福建		青海	
江西		宁夏	
山东	565	新疆	316
河南		深圳	4 452

表格 10　各地区支票出票人违规情况列表（按业务金额）

单位：万元

地区	支票违规金额	地区	支票违规金额
北京	65. 66	湖北	139. 35
天津	7 939. 87	湖南	
河北	41. 97	广东	274 353. 03
山西		海南	
内蒙古		广西	
辽宁	26 722. 94	重庆	502. 96
吉林		四川	1 616. 44
黑龙江		贵州	794. 81
上海	96 866. 23	云南	2 435. 54
江苏	144. 88	西藏	
浙江	152 577. 22	陕西	212. 59
安徽		甘肃	
福建		青海	
江西		宁夏	
山东	46 561. 26	新疆	976. 08
河南		深圳	21 899. 85

表格 11　支票出票人违规情况分开户银行行别列表（按业务笔数）

行别	排名	行别	排名
中国工商银行	1	中国邮政储蓄银行	17
农村商业银行	2	华夏银行	18
中国农业银行	3	中国光大银行	19
中国银行	4	浙商银行	20
中国建设银行	5	东亚银行	21
城市商业银行	6	企业银行	22
交通银行	7	恒丰银行	23
兴业银行	8	南洋商业银行	24
招商银行	9	渤海银行	25
广发银行	10	韩亚银行	26
中国民生银行	11	永亨银行	27
农村信用社	12	恒生银行	28
上海浦东发展银行	13	汇丰银行	29
农村合作银行	14	新韩银行	30
中信银行	15	星展银行	31
平安银行	16	渣打银行	32

表格 12　支票出票人违规情况分开户银行行别列表（按业务金额）

行别	排名	行别	排名
中国工商银行	1	广发银行	17
城市商业银行	2	华夏银行	18
农村商业银行	3	中国邮政储蓄银行	19
中国农业银行	4	浙商银行	20
中国建设银行	5	南洋商业银行	21
中国银行	6	东亚银行	22
平安银行	7	恒丰银行	23
上海浦东发展银行	8	渤海银行	24
交通银行	9	企业银行	25
中国民生银行	10	永亨银行	26
兴业银行	11	韩亚银行	27
中国光大银行	12	新韩银行	28
农村信用社	13	汇丰银行	29
招商银行	14	星展银行	30
中信银行	15	渣打银行	31
农村合作银行	16	恒生银行	32

表格 13　商业汇票业务分地区（按业务笔数）

单位：万笔

地区	业务量	地区	业务量
北京	6.98	湖北	17.84
天津	5.96	湖南	8.65
河北	13.47	广东	16.11
山西	9.51	海南	0.34
内蒙古	4.06	广西	3.22
辽宁	12.17	重庆	10.69
吉林	2.61	四川	9.08
黑龙江	2.80	贵州	2.60
上海	9.29	云南	2.12
江苏	86.15	西藏	0.00
浙江	89.99	陕西	5.28
安徽	12.94	甘肃	2.88
福建	12.12	青海	0.23
江西	8.50	宁夏	2.54
山东	58.51	新疆	4.09
河南	26.85	深圳	7.23

表格 14　商业汇票业务分地区（按业务金额）

单位：亿元

地区	业务量	地区	业务量
北京	1 849.80	湖北	1 927.16
天津	1 565.41	湖南	1 460.91
河北	1 922.92	广东	2 990.95
山西	1 244.58	海南	82.42
内蒙古	709.55	广西	549.12
辽宁	2 024.01	重庆	1 290.18
吉林	527.40	四川	1 625.29
黑龙江	343.21	贵州	462.08
上海	1 610.38	云南	674.94
江苏	5 997.66	西藏	1.77
浙江	5 012.57	陕西	640.77
安徽	1 032.32	甘肃	367.89
福建	1 585.99	青海	34.07
江西	800.94	宁夏	245.69
山东	4 741.81	新疆	403.87
河南	1 934.41	深圳	1 073.35

表格 15 商业汇票业务量分行别（按业务笔数）

行别	排名	行别	排名
城市商业银行	1	首都银行	28
农村商业银行	2	花旗银行	29
中国银行	3	瑞穗实业银行	30
中国民生银行	4	企业银行	31
中信银行	5	三井住友银行	32
上海浦东发展银行	6	外国银行分行	33
兴业银行	7	大新银行	34
交通银行	8	三菱东京日联银行	35
中国光大银行	9	恒生银行	36
招商银行	10	新韩银行	37
中国工商银行	11	华一银行	38
中国建设银行	12	星展银行	39
平安银行	13	德意志银行	40
农村信用社	14	外换银行	41
华夏银行	15	友利银行	42
农村合作银行	16	华侨银行	43
中国农业银行	17	盘谷银行	44
广发银行	18	永亨银行	45
浙商银行	19	中国农业发展银行	46
恒丰银行	20	澳大利亚和新西兰银行	47
渤海银行	21	法国兴业银行	48
东亚银行	22	华美银行	49
国家开发银行	23	大华银行	50
南洋商业银行	24	华商银行	51
渣打银行	25	中信银行国际	52
汇丰银行	26	苏格兰皇家银行	53
韩亚银行	27		

表格 16　商业汇票业务量分行别（按业务金额）

行别	排名	行别	排名
城市商业银行	1	花旗银行	28
中信银行	2	瑞穗实业银行	29
中国银行	3	外换银行	30
中国民生银行	4	恒生银行	31
上海浦东发展银行	5	新韩银行	32
中国光大银行	6	三菱东京日联银行	33
兴业银行	7	外国银行分行	34
交通银行	8	大新银行	35
中国建设银行	9	首都银行	36
平安银行	10	星展银行	37
农村商业银行	11	华侨银行	38
招商银行	12	企业银行	39
华夏银行	13	德意志银行	40
广发银行	14	三井住友银行	41
中国工商银行	15	澳大利亚和新西兰银行	42
中国农业银行	16	华商银行	43
农村信用社	17	中国农业发展银行	44
恒丰银行	18	盘谷银行	45
渤海银行	19	友利银行	46
浙商银行	20	华一银行	47
农村合作银行	21	永亨银行	48
国家开发银行	22	苏格兰皇家银行	49
东亚银行	23	法国兴业银行	50
南洋商业银行	24	大华银行	51
渣打银行	25	华美银行	52
汇丰银行	26	中信银行国际	53
韩亚银行	27		

表格 17　商业汇票逾期垫款金额分地区

单位：亿元

地区	业务量	地区	业务量
北京	9.51	湖北	30.68
天津	24.59	湖南	4.21
河北	9.48	广东	109.05
山西	13.87	海南	0.00
内蒙古	31.93	广西	26.42
辽宁	12.98	重庆	4.68
吉林	3.74	四川	8.71
黑龙江	9.18	贵州	5.05
上海	37.25	云南	11.06
江苏	74.81	西藏	0.00
浙江	146.11	陕西	2.57
安徽	7.81	甘肃	1.17
福建	61.89	青海	0.72
江西	24.58	宁夏	4.20
山东	47.07	新疆	0.81
河南	18.53	深圳	24.20

表格 18　商业汇票逾期垫款金额分行别

行别	排名	行别	排名
城市商业银行	1	中国银行	13
交通银行	2	兴业银行	14
招商银行	3	农村商业银行	15
中国建设银行	4	农村信用社	16
中国农业银行	5	广发银行	17
中国工商银行	6	外资银行	18
中国民生银行	7	农村合作银行	19
上海浦东发展银行	8	渤海银行	20
中国光大银行	9	浙商银行	21
华夏银行	10	恒丰银行	22
中信银行	11	城市信用社	23
平安银行	12	中国邮政储蓄银行	24

表格 19　银行卡数量分地区

单位：万张

地区	数量	地区	数量
北京	17 597.78	湖北	17 564.50
天津	10 305.53	湖南	17 120.97
河北	18 490.40	广东	45 336.43
山西	11 383.48	海南	2 846.34
内蒙古	7 908.80	广西	9 925.49
辽宁	14 984.91	重庆	11 854.74
吉林	7 221.14	四川	22 100.24
黑龙江	9 972.14	贵州	7 369.97
上海	15 105.17	云南	8 534.06
江苏	35 053.33	西藏	322.73
浙江	29 021.14	陕西	11 102.71
安徽	13 392.57	甘肃	6 447.99
福建	16 689.33	青海	1 125.58
江西	10 818.08	宁夏	1 892.29
山东	30 534.43	新疆	6 194.37
河南	22 509.58	深圳	13 240.74

表格 20　银行卡数量分行别

行别	排名	行别	排名
中国农业银行	1	浙商银行	20
中国邮政储蓄银行	2	恒丰银行	21
中国建设银行	3	渤海银行	22
中国工商银行	4	花旗银行	23
中国银行	5	东亚银行	24
农村信用社	6	渣打银行	25
城市商业银行	7	汇丰银行	26
农村商业银行	8	友利银行	27
交通银行	9	新韩银行	28
招商银行	10	南洋商业银行	29
中国光大银行	11	韩亚银行	30
上海浦东发展银行	12	恒生银行	31
中信银行	13	企业银行	32
广发银行	14	星展银行	33
农村合作银行	15	大华银行	34
平安银行	16	华侨银行	35
兴业银行	17	永亨银行	36
中国民生银行	18	大新银行	37
华夏银行	19	法国兴业银行	38

表格 21　ATM 数量分地区

单位：万台

地区	数量	地区	数量
北京	2. 34	湖北	2. 05
天津	0. 78	湖南	1. 62
河北	1. 97	广东	5. 06
山西	1. 11	海南	0. 44
内蒙古	1. 09	广西	1. 60
辽宁	1. 80	重庆	1. 24
吉林	1. 08	四川	3. 25
黑龙江	1. 11	贵州	0. 74
上海	1. 96	云南	1. 34
江苏	4. 34	西藏	0. 11
浙江	4. 56	陕西	1. 42
安徽	1. 58	甘肃	0. 79
福建	2. 23	青海	0. 21
江西	1. 45	宁夏	0. 26
山东	3. 98	新疆	1. 16
河南	2. 34	深圳	1. 09

表格 22　ATM 数量分行别

行别	排名	行别	排名
中国农业银行	1	兴业银行	13
中国工商银行	2	上海浦东发展银行	14
中国建设银行	3	中国光大银行	15
中国邮政储蓄银行	4	华夏银行	16
农村信用社	5	广发银行	17
农村商业银行	6	招商银行	18
中国银行	7	深圳发展银行	19
城市商业银行	8	外资银行	20
交通银行	9	恒丰银行	21
中国民生银行	10	渤海银行	22
中信银行	11	浙商银行	23
农村合作银行	12		

表格 23　银行卡业务量分地区（按业务笔数）

单位：万笔

地区	业务量	地区	业务量
北京	67 213.40	湖北	52 214.83
天津	19 915.34	湖南	45 625.71
河北	58 400.87	广东	144 891.24
山西	26 530.15	海南	10 842.36
内蒙古	23 713.29	广西	35 066.96
辽宁	49 747.82	重庆	31 714.57
吉林	22 787.01	四川	67 000.63
黑龙江	27 369.47	贵州	23 381.19
上海	63 223.63	云南	27 659.25
江苏	98 824.28	西藏	1 359.43
浙江	99 011.02	陕西	32 869.82
安徽	39 364.05	甘肃	19 036.74
福建	69 474.03	青海	4 054.82
江西	28 060.26	宁夏	7 251.32
山东	96 792.40	新疆	22 755.55
河南	66 598.40	深圳	46 341.02

表格 24　银行卡业务量分地区（按业务金额）

单位：亿元

地区	业务量	地区	业务量
北京	43 815.66	湖北	36 867.36
天津	11 954.45	湖南	28 433.77
河北	53 189.34	广东	89 824.99
山西	21 388.94	海南	5 487.07
内蒙古	20 345.76	广西	22 557.67
辽宁	35 672.37	重庆	18 970.82
吉林	16 941.42	四川	43 310.63
黑龙江	21 199.94	贵州	13 960.44
上海	44 804.07	云南	18 696.98
江苏	80 237.60	西藏	851.75
浙江	121 216.94	陕西	18 283.43
安徽	32 676.17	甘肃	13 749.48
福建	62 542.34	青海	2 905.94
江西	23 157.09	宁夏	6 455.25
山东	66 042.37	新疆	14 926.91
河南	71 550.20	深圳	33 755.23

表格 25　银行卡业务量分行别（按业务笔数）

行别	排名	行别	排名
中国建设银行	1	恒丰银行	20
中国工商银行	2	花旗银行	21
中国农业银行	3	渤海银行	22
中国邮政储蓄银行	4	东亚银行	23
农村信用社	5	浙商银行	24
交通银行	6	汇丰银行	25
招商银行	7	渣打银行	26
中国银行	8	新韩银行	27
农村商业银行	9	友利银行	28
城市商业银行	10	韩亚银行	29
广发银行	11	南洋商业银行	30
平安银行	12	企业银行	31
中国民生银行	13	星展银行	32
中信银行	14	恒生银行	33
中国光大银行	15	永亨银行	34
上海浦东发展银行	16	大新银行	35
农村合作银行	17	大华银行	36
兴业银行	18	华侨银行	37
华夏银行	19	法国兴业银行	38

表格 26　银行卡业务量分行别（按业务金额）

行别	排名	行别	排名
中国工商银行	1	恒丰银行	20
中国建设银行	2	东亚银行	21
交通银行	3	浙商银行	22
中国农业银行	4	渤海银行	23
农村信用社	5	花旗银行	24
农村商业银行	6	韩亚银行	25
中国邮政储蓄银行	7	新韩银行	26
城市商业银行	8	南洋商业银行	27
中国银行	9	渣打银行	28
上海浦东发展银行	10	友利银行	29
中国民生银行	11	汇丰银行	30
农村合作银行	12	企业银行	31
招商银行	13	星展银行	32
中信银行	14	恒生银行	33
中国光大银行	15	华侨银行	34
平安银行	16	永亨银行	35
兴业银行	17	大新银行	36
广发银行	18	大华银行	37
华夏银行	19	法国兴业银行	38

表格 27　银行卡消费业务量分地区（按业务笔数）

单位：万笔

地区	业务量	地区	业务量
北京	31 790. 28	湖北	17 239. 79
天津	8 403. 45	湖南	14 904. 15
河北	16 912. 99	广东	51 482. 98
山西	8 494. 89	海南	2 907. 83
内蒙古	6 723. 03	广西	8 554. 66
辽宁	16 516. 89	重庆	9 776. 36
吉林	6 220. 16	四川	17 374. 39
黑龙江	7 535. 90	贵州	5 144. 88
上海	29 999. 12	云南	7 406. 00
江苏	34 387. 36	西藏	267. 19
浙江	32 356. 66	陕西	10 882. 13
安徽	11 764. 26	甘肃	4 392. 71
福建	24 023. 67	青海	984. 14
江西	7 451. 65	宁夏	1 928. 28
山东	33 054. 08	新疆	4 913. 13
河南	19 588. 79	深圳	18 357. 50

表格 28　银行卡消费业务量分地区（按业务金额）

单位：亿元

地区	业务量	地区	业务量
北京	5 607. 80	湖北	3 587. 12
天津	1 529. 20	湖南	3 167. 03
河北	3 889. 16	广东	9 543. 42
山西	1 642. 82	海南	543. 56
内蒙古	1 354. 00	广西	1 540. 29
辽宁	2 648. 66	重庆	2 073. 87
吉林	1 071. 41	四川	3 458. 27
黑龙江	1 288. 34	贵州	987. 64
上海	5 470. 20	云南	1 728. 33
江苏	7 674. 84	西藏	56. 80
浙江	8 205. 08	陕西	1 918. 42
安徽	2 740. 78	甘肃	942. 98
福建	6 169. 19	青海	264. 04
江西	1 852. 76	宁夏	352. 22
山东	5 901. 90	新疆	1 065. 67
河南	8 159. 22	深圳	3 958. 31

表格 29　银行卡消费业务量分行别（按业务笔数）

行别	排名	行别	排名
中国建设银行	1	花旗银行	20
中国工商银行	2	恒丰银行	21
招商银行	3	渤海银行	22
中国农业银行	4	汇丰银行	23
中国银行	5	东亚银行	24
交通银行	6	友利银行	25
广发银行	7	渣打银行	26
中国邮政储蓄银行	8	新韩银行	27
平安银行	9	韩亚银行	28
中信银行	10	南洋商业银行	29
城市商业银行	11	浙商银行	30
中国光大银行	12	企业银行	31
中国民生银行	13	恒生银行	32
兴业银行	14	星展银行	33
农村商业银行	15	永亨银行	34
上海浦东发展银行	16	大华银行	35
农村信用社	17	法国兴业银行	36
华夏银行	18	大新银行	37
农村合作银行	19	华侨银行	38

表格 30　银行卡消费业务量分行别（按业务金额）

行别	排名	行别	排名
中国工商银行	1	渤海银行	20
中国农业银行	2	花旗银行	21
中国建设银行	3	恒丰银行	22
中国银行	4	浙商银行	23
招商银行	5	东亚银行	24
交通银行	6	渣打银行	25
城市商业银行	7	南洋商业银行	26
中国民生银行	8	汇丰银行	27
中国邮政储蓄银行	9	恒生银行	28
农村商业银行	10	星展银行	29
农村信用社	11	华侨银行	30
中国光大银行	12	友利银行	31
平安银行	13	新韩银行	32
广发银行	14	韩亚银行	33
中信银行	15	企业银行	34
兴业银行	16	大华银行	35
上海浦东发展银行	17	法国兴业银行	36
农村合作银行	18	大新银行	37
华夏银行	19	永亨银行	38

表格 31　信用卡数量分地区

单位：万张

地区	数量	地区	数量
北京	3 431.71	湖北	1 410.00
天津	932.62	湖南	1 059.20
河北	1 467.52	广东	4 127.39
山西	759.06	海南	229.01
内蒙古	576.37	广西	652.11
辽宁	1 703.80	重庆	820.02
吉林	560.32	四川	1 354.43
黑龙江	733.94	贵州	322.82
上海	3 174.24	云南	723.60
江苏	3 384.98	西藏	9.91
浙江	3 761.66	陕西	763.49
安徽	923.42	甘肃	369.88
福建	1 941.99	青海	69.03
江西	640.34	宁夏	119.55
山东	2 825.49	新疆	325.53
河南	1 624.00	深圳	1 394.07

表格 32　信用卡数量分行别

行别	排名	行别	排名
中国工商银行	1	中国民生银行	13
中国建设银行	2	兴业银行	14
中国银行	3	中国邮政储蓄银行	15
交通银行	4	华夏银行	16
中国农业银行	5	农村商业银行	17
广发银行	6	农村合作银行	18
招商银行	7	农村信用社	19
中国光大银行	8	花旗银行	20
中信银行	9	东亚银行	21
平安银行	10	南洋商业银行	22
上海浦东发展银行	11	渣打银行	23
城市商业银行	12		

表格 33　银行卡期末存款余额分地区

单位：亿元

地区	数量	地区	数量
北京	10 143.45	湖北	6 611.72
天津	2 617.25	湖南	5 767.82
河北	7 581.20	广东	17 201.59
山西	4 129.74	海南	1 276.06
内蒙古	3 295.72	广西	4 218.08
辽宁	6 179.19	重庆	4 105.94
吉林	2 765.94	四川	9 057.81
黑龙江	3 842.83	贵州	2 939.49
上海	9 250.47	云南	4 058.30
江苏	11 667.11	西藏	255.68
浙江	12 205.71	陕西	5 377.76
安徽	4 720.50	甘肃	2 867.03
福建	6 733.02	青海	675.96
江西	3 873.21	宁夏	755.64
山东	9 742.74	新疆	2 805.11
河南	8 997.93	深圳	7 193.09

表格 34　信用卡期末授信总额分地区

单位：亿元

地区	数量	地区	数量
北京	3 484.73	湖北	1 733.15
天津	783.93	湖南	1 519.01
河北	1 699.96	广东	3 961.84
山西	961.35	海南	232.68
内蒙古	889.69	广西	926.65
辽宁	1 854.41	重庆	1 198.05
吉林	626.49	四川	1 765.21
黑龙江	813.97	贵州	432.99
上海	3 870.69	云南	1 032.88
江苏	3 210.85	西藏	11.10
浙江	5 781.91	陕西	971.74
安徽	1 082.71	甘肃	453.03
福建	2 965.60	青海	130.20
江西	916.57	宁夏	167.55
山东	3 145.73	新疆	391.59
河南	2 025.54	深圳	1 867.12

表格 35 信用卡期末授信总额分行别

行别	排名	行别	排名
中国工商银行	1	平安银行	12
中国建设银行	2	兴业银行	13
中国农业银行	3	广发银行	14
交通银行	4	中国邮政储蓄银行	15
中国银行	5	华夏银行	16
招商银行	6	农村商业银行	17
城市商业银行	7	农村合作银行	18
中信银行	8	农村信用社	19
上海浦东发展银行	9	花旗银行	20
中国光大银行	10	东亚银行	21
中国民生银行	11	南洋商业银行	22

表格 36 信用卡期末应偿信贷总额分地区

单位：亿元

地区	数量	地区	数量
北京	955.40	湖北	659.61
天津	276.41	湖南	684.06
河北	671.16	广东	2 020.58
山西	364.12	海南	98.03
内蒙古	368.38	广西	354.32
辽宁	597.34	重庆	598.98
吉林	214.63	四川	724.48
黑龙江	232.67	贵州	185.82
上海	1 009.03	云南	399.38
江苏	1 385.52	西藏	1.85
浙江	2 398.25	陕西	319.12
安徽	415.49	甘肃	150.13
福建	1 489.39	青海	41.74
江西	433.94	宁夏	61.95
山东	1 336.81	新疆	131.42
河南	936.91	深圳	932.65

表格 37　信用卡期末应偿信贷总额分行别

行别	排名	行别	排名
中国工商银行	1	中信银行	12
中国建设银行	2	兴业银行	13
中国银行	3	上海浦东发展银行	14
中国农业银行	4	农村商业银行	15
交通银行	5	华夏银行	16
招商银行	6	农村合作银行	17
中国民生银行	7	农村信用社	18
中国光大银行	8	东亚银行	19
平安银行	9	花旗银行	20
广发银行	10	中国邮政储蓄银行	21
城市商业银行	11	南洋商业银行	22

表格 38　信用卡逾期半年未偿信贷总额分地区

单位：亿元

地区	数量	地区	数量
北京	14.20	湖北	10.87
天津	6.65	湖南	9.95
河北	9.06	广东	33.47
山西	3.81	海南	1.08
内蒙古	4.35	广西	6.77
辽宁	11.36	重庆	4.99
吉林	2.68	四川	6.81
黑龙江	3.67	贵州	2.61
上海	29.43	云南	4.02
江苏	39.00	西藏	0.01
浙江	34.40	陕西	4.14
安徽	8.57	甘肃	1.36
福建	18.60	青海	0.30
江西	5.03	宁夏	0.51
山东	22.17	新疆	0.60
河南	7.92	深圳	12.85

表格 39　信用卡逾期半年未偿信贷总额分行别

行别	排名	行别	排名
交通银行	1	平安银行	12
中国工商银行	2	中国光大银行	13
中国银行	3	上海浦东发展银行	14
中信银行	4	中国邮政储蓄银行	15
中国农业银行	5	华夏银行	16
广发银行	6	农村商业银行	17
兴业银行	7	农村合作银行	18
招商银行	8	花旗银行	19
中国建设银行	9	农村信用社	20
城市商业银行	10	南洋商业银行	21
中国民生银行	11	东亚银行	22

表格 40　汇兑业务量分地区（按业务笔数）

单位：万笔

地区	业务量	地区	业务量
北京	2 357.33	湖北	1 149.59
天津	683.03	湖南	1 552.70
河北	1 449.31	广东	4 753.59
山西	3 425.17	海南	287.23
内蒙古	672.92	广西	862.31
辽宁	935.32	重庆	792.68
吉林	459.91	四川	2 374.84
黑龙江	575.77	贵州	1 353.99
上海	2 712.04	云南	736.01
江苏	3 473.16	西藏	66.79
浙江	10 083.35	陕西	1 109.54
安徽	784.52	甘肃	367.92
福建	3 303.53	青海	198.18
江西	787.07	宁夏	166.22
山东	7 525.46	新疆	594.00
河南	2 038.32	深圳	1 766.69

表格 41　汇兑业务量分地区（按业务金额）

单位：亿元

地区	业务量	地区	业务量
北京	481 848.77	湖北	37 653.12
天津	49 099.31	湖南	34 930.67
河北	57 358.77	广东	182 625.27
山西	77 245.05	海南	9 304.47
内蒙古	35 769.17	广西	19 523.70
辽宁	77 530.65	重庆	48 932.29
吉林	24 784.70	四川	71 238.09
黑龙江	62 810.23	贵州	21 578.46
上海	345 680.17	云南	26 752.51
江苏	153 028.23	西藏	4 792.55
浙江	370 785.02	陕西	29 775.21
安徽	36 016.32	甘肃	13 631.01
福建	75 408.02	青海	5 152.66
江西	24 381.71	宁夏	5 211.00
山东	138 388.67	新疆	18 418.06
河南	80 175.12	深圳	130 837.41

表格 42　汇兑业务量分行别（按业务笔数）

行别	排名	行别	排名
中国工商银行	1	三菱东京日联银行	31
中国建设银行	2	瑞穗实业银行	32
中国农业银行	3	企业银行	33
中国邮政储蓄银行	4	国家开发银行	34
城市商业银行	5	苏格兰皇家银行	35
中国银行	6	南洋商业银行	36
农村商业银行	7	韩亚银行	37
农村信用社	8	华一银行	38
中信银行	9	友利银行	39
交通银行	10	新韩银行	40
中国民生银行	11	法国巴黎银行	41
农村合作银行	12	恒生银行	42
上海浦东发展银行	13	华侨银行	43
广发银行	14	法国兴业银行	44
汇丰银行	15	花旗银行	45
华夏银行	16	澳大利亚和新西兰银行	46
中国光大银行	17	东方汇理银行	47
兴业银行	18	大华银行	48
渣打银行	19	中国进出口银行	49
德意志银行	20	三井住友银行	50
浙商银行	21	外换银行	51
中国农业发展银行	22	永亨银行	52
外国银行分行	23	大新银行	53
渤海银行	24	华美银行	54
平安银行	25	盘谷银行	55
招商银行	26	首都银行	56
摩根大通银行	27	华商银行	57
东亚银行	28	中信银行国际	58
恒丰银行	29	蒙特利尔银行	59
星展银行	30	摩根士丹利国际银行	60

表格 43　汇兑业务量分行别（按业务金额）

行别	排名	行别	排名
中国工商银行	1	外国银行分行	31
城市商业银行	2	恒生银行	32
中国农业银行	3	三菱东京日联银行	33
中国建设银行	4	星展银行	34
交通银行	5	南洋商业银行	35
中信银行	6	花旗银行	36
中国民生银行	7	华一银行	37
中国银行	8	华侨银行	38
农村商业银行	9	摩根大通银行	39
平安银行	10	法国兴业银行	40
农村信用社	11	澳大利亚和新西兰银行	41
华夏银行	12	三井住友银行	42
中国光大银行	13	法国巴黎银行	43
兴业银行	14	友利银行	44
上海浦东发展银行	15	韩亚银行	45
恒丰银行	16	大华银行	46
广发银行	17	新韩银行	47
中国邮政储蓄银行	18	苏格兰皇家银行	48
浙商银行	19	企业银行	49
渣打银行	20	华商银行	50
渤海银行	21	东方汇理银行	51
农村合作银行	22	大新银行	52
招商银行	23	永亨银行	53
国家开发银行	24	外换银行	54
中国农业发展银行	25	中信银行国际	55
汇丰银行	26	盘谷银行	56
德意志银行	27	摩根士丹利国际银行	57
东亚银行	28	华美银行	58
中国进出口银行	29	首都银行	59
瑞穗实业银行	30	蒙特利尔银行	60

表格 44　银行业金融机构行内支付系统分地区（按业务笔数）

单位：万笔

地区	笔数	地区	笔数
北京	16 398.27	湖北	8 847.34
天津	1 673.75	湖南	9 348.12
河北	6 311.86	广东	44 695.74
山西	5 634.93	海南	2 855.80
内蒙古	3 317.89	广西	6 166.59
辽宁	6 387.81	重庆	3 346.32
吉林	2 773.05	四川	11 490.84
黑龙江	10 563.91	贵州	2 938.75
上海	22 251.17	云南	4 405.74
江苏	21 412.19	西藏	267.02
浙江	53 470.68	陕西	5 515.13
安徽	4 289.85	甘肃	2 703.99
福建	13 023.55	青海	668.10
江西	5 638.03	宁夏	1 264.33
山东	10 558.80	新疆	2 033.01
河南	8 892.08	深圳	41 664.96

表格 45　银行业金融机构行内支付系统分地区（按业务金额）

单位：亿元

地区	金额	地区	金额
北京	401 425.93	湖北	28 467.06
天津	29 271.60	湖南	41 363.20
河北	26 287.17	广东	168 401.51
山西	25 182.54	海南	10 902.28
内蒙古	29 210.02	广西	18 450.59
辽宁	76 921.32	重庆	25 816.42
吉林	13 608.18	四川	42 541.64
黑龙江	32 339.94	贵州	17 193.44
上海	332 933.08	云南	27 753.12
江苏	160 185.15	西藏	1 191.59
浙江	245 680.42	陕西	28 723.63
安徽	16 500.37	甘肃	8 386.71
福建	72 344.89	青海	2 219.45
江西	28 993.60	宁夏	7 260.28
山东	74 851.49	新疆	9 358.71
河南	37 890.21	深圳	121 558.05

表格 46　银行业金融机构行内支付系统分行别（按业务笔数）

行别	排名	行别	排名
中国农业银行	1	花旗银行	21
中国建设银行	2	浙商银行	22
中国工商银行	3	中国农业发展银行	23
中国银行	4	汇丰银行	24
广发银行	5	德意志银行	25
农村商业银行	6	友利银行	26
农村信用社	7	星展银行	27
中国邮政储蓄银行	8	东亚银行	28
中国民生银行	9	三井住友银行	29
城市商业银行	10	华一银行	30
招商银行	11	华侨银行	31
平安银行	12	法国巴黎银行	32
兴业银行	13	摩根大通银行	33
中信银行	14	法国兴业银行	34
农村合作银行	15	华夏银行	35
恒丰银行	16	大华银行	36
中国光大银行	17	外换银行	37
上海浦东发展银行	18	外国银行分行	38
交通银行	19	中国进出口银行	39
渤海银行	20		

表格 47　银行业金融机构行内支付系统分行别（按业务金额）

行别	排名	行别	排名
中国银行	1	农村合作银行	21
中国工商银行	2	浙商银行	22
中国建设银行	3	渤海银行	23
交通银行	4	中国农业发展银行	24
城市商业银行	5	汇丰银行	25
中国农业银行	6	三井住友银行	26
兴业银行	7	华一银行	27
招商银行	8	摩根大通银行	28
农村商业银行	9	法国巴黎银行	29
农村信用社	10	星展银行	30
中国民生银行	11	中国进出口银行	31
中国光大银行	12	外国银行分行	32
中国邮政储蓄银行	13	华侨银行	33
花旗银行	14	东亚银行	34
中信银行	15	大华银行	35
平安银行	16	友利银行	36
上海浦东发展银行	17	华夏银行	37
恒丰银行	18	外换银行	38
德意志银行	19	法国兴业银行	39
广发银行	20		

表格 48　同城清算业务量分地区（按业务笔数）

单位：万笔

地区	笔数	地区	笔数
北京	511.56	湖北	131.62
天津	205.96	湖南	26.35
河北	39.49	广东	2 397.81
山西	14.47	海南	0.00
内蒙古	5.84	广西	92.15
辽宁	316.20	重庆	65.11
吉林	28.69	四川	64.64
黑龙江	71.91	贵州	0.00
上海	201.71	云南	56.72
江苏	752.65	西藏	0.44
浙江	2 738.41	陕西	73.41
安徽	24.10	甘肃	38.99
福建	63.53	青海	14.34
江西	225.24	宁夏	0.00
山东	269.99	新疆	7.95
河南	61.85	深圳	888.65

表格 49　同城清算业务量分地区（按业务金额）

单位：亿元

地区	金额	地区	金额
北京	14 499.56	湖北	4 087.11
天津	5 293.39	湖南	1 405.13
河北	1 091.38	广东	12 711.57
山西	720.16	海南	0.00
内蒙古	139.42	广西	2 579.21
辽宁	5 954.82	重庆	1 281.49
吉林	888.49	四川	2 687.51
黑龙江	1 539.13	贵州	0.00
上海	3 260.32	云南	1 327.21
江苏	39 344.91	西藏	8.09
浙江	19 584.18	陕西	2 875.69
安徽	1 045.75	甘肃	1 171.52
福建	1 126.74	青海	686.90
江西	3 897.68	宁夏	0.00
山东	9 494.95	新疆	697.31
河南	1 846.29	深圳	12 824.48

表格 50　同城清算业务量分行别（按业务笔数）

行别	排名	行别	排名
中国工商银行	1	东亚银行	30
城市商业银行	2	星展银行	31
农村信用社	3	外国银行分行	32
中国农业银行	4	花旗银行	33
中国建设银行	5	国家开发银行	34
中国银行	6	德意志银行	35
中国邮政储蓄银行	7	韩亚银行	36
农村商业银行	8	友利银行	37
招商银行	9	南洋商业银行	38
交通银行	10	恒生银行	39
农村合作银行	11	企业银行	40
上海浦东发展银行	12	华一银行	41
中国人民银行	13	外换银行	42
中信银行	14	中国进出口银行	43
中国光大银行	15	大华银行	44
广发银行	16	厦门国际银行	45
兴业银行	17	新韩银行	46
中国民生银行	18	澳大利亚和新西兰银行	47
华夏银行	19	大新银行	48
平安银行	20	首都银行	49
中国农业发展银行	21	华商银行	50
三菱东京日联银行	22	永亨银行	51
恒丰银行	23	法国巴黎银行	52
三井住友银行	24	东方汇理银行	53
瑞穗实业银行	25	摩根大通银行	54
汇丰银行	26	法国兴业银行	55
浙商银行	27	苏格兰皇家银行	56
渤海银行	28	华侨银行	57
渣打银行	29	中信银行国际	58

表格 51　同城清算业务量分行别（按业务金额）

行别	排名	行别	排名
城市商业银行	1	瑞穗实业银行	30
中国工商银行	2	花旗银行	31
中国建设银行	3	南洋商业银行	32
中国银行	4	德意志银行	33
中国农业银行	5	中国进出口银行	34
农村商业银行	6	恒生银行	35
交通银行	7	厦门国际银行	36
上海浦东发展银行	8	星展银行	37
招商银行	9	友利银行	38
农村信用社	10	华一银行	39
中信银行	11	渣打银行	40
兴业银行	12	韩亚银行	41
中国民生银行	13	外国银行分行	42
中国光大银行	14	企业银行	43
华夏银行	15	大新银行	44
广发银行	16	新韩银行	45
中国邮政储蓄银行	17	大华银行	46
农村合作银行	18	法国巴黎银行	47
平安银行	19	首都银行	48
中国农业发展银行	20	外换银行	49
国家开发银行	21	华商银行	50
中国人民银行	22	法国兴业银行	51
渤海银行	23	澳大利亚和新西兰银行	52
浙商银行	24	东方汇理银行	53
恒丰银行	25	华侨银行	54
汇丰银行	26	永亨银行	55
三菱东京日联银行	27	摩根大通银行	56
三井住友银行	28	苏格兰皇家银行	57
东亚银行	29	中信银行国际	58

表格 52　人民币单位银行结算账户数量分地区

单位：万户

地区	数量	地区	数量
北京	162.6715	湖北	117.4298
天津	68.2689	湖南	88.8205
河北	133.8252	广东	315.8669
山西	71.247	海南	28.2775
内蒙古	59.3851	广西	82.1239
辽宁	127.5829	重庆	74.9968
吉林	55.3186	四川	126.7108
黑龙江	72.8039	贵州	55.0449
上海	250.3313	云南	82.134
江苏	392.2315	西藏	4.1648
浙江	314.9065	陕西	90.6471
安徽	110.5997	甘肃	44.0609
福建	128.2114	青海	13.0052
江西	69.1365	宁夏	22.9286
山东	266.7038	新疆	47.7713
河南	157.0062	深圳	142.0142

表格 53　人民币单位银行结算账户数量分行别

行别	排名	行别	排名
中国工商银行	1	三井住友银行	34
中国农业银行	2	厦门国际银行	35
农村信用社	3	华一银行	36
城市商业银行	4	南洋商业银行	37
中国建设银行	5	企业银行	38
中国银行	6	永亨银行	39
农村商业银行	7	中国进出口银行	40
交通银行	8	友利银行	41
招商银行	9	韩亚银行	42
中国民生银行	10	新韩银行	43
上海浦东发展银行	11	恒生银行	44
中国邮政储蓄银行	12	德意志银行	45
兴业银行	13	大华银行	46
中信银行	14	华侨银行	47
深圳发展银行	15	华商银行	48
中国光大银行	16	外换银行	49
华夏银行	17	澳大利亚和新西兰银行	50
广发银行	18	摩根大通银行	51
中国农业发展银行	19	大新银行	52
农村合作银行	20	法国巴黎银行	53
恒丰银行	21	首都银行	54
浙商银行	22	法国兴业银行	55
城市信用社	23	苏格兰皇家银行	56
渤海银行	24	东方汇理银行	57
国家开发银行	25	中信银行国际	58
东亚银行	26	华美银行	59
渣打银行	27	盘谷银行	60
汇丰银行	28	蒙特利尔银行	61
三菱东京日联银行	29	摩根士丹利国际银行	62
外国银行分行	30	宁波国际银行	63
瑞穗实业银行	31	协和银行	64
花旗银行	32	新联商业银行	65
星展银行	33	正信银行	66

表格 54　基本存款账户数量分地区

单位：万户

地区	数量	地区	数量
北京	116.7993	湖北	70.632
天津	37.7172	湖南	54.321
河北	84.9063	广东	204.5835
山西	47.1674	海南	19.9252
内蒙古	36.5905	广西	53.0334
辽宁	87.0137	重庆	50.1816
吉林	40.4026	四川	82.6934
黑龙江	50.7627	贵州	32.3381
上海	142.7944	云南	44.459
江苏	228.0433	西藏	3.0651
浙江	187.8817	陕西	53.2223
安徽	67.5857	甘肃	24.3998
福建	76.6674	青海	7.8798
江西	38.457	宁夏	12.9562
山东	142.1673	新疆	30.1601
河南	93.5412	深圳	86.4896

表格 55　基本存款账户数量分行别

行别	排名	行别	排名
中国工商银行	1	星展银行	31
中国农业银行	2	华一银行	32
农村信用社	3	新韩银行	33
中国建设银行	4	外国银行分行	34
城市商业银行	5	厦门国际银行	35
中国银行	6	企业银行	36
农村商业银行	7	三菱东京日联银行	37
交通银行	8	南洋商业银行	38
招商银行	9	瑞穗实业银行	39
中国邮政储蓄银行	10	澳大利亚和新西兰银行	40
上海浦东发展银行	11	德意志银行	41
中国民生银行	12	恒生银行	42
兴业银行	13	摩根大通银行	43
中信银行	14	大华银行	44
广发银行	15	三井住友银行	45
华夏银行	16	苏格兰皇家银行	46
中国光大银行	17	华侨银行	47
深圳发展银行	18	永亨银行	48
中国农业发展银行	19	首都银行	49
农村合作银行	20	大新银行	50
城市信用社	21	华商银行	51
恒丰银行	22	国家开发银行	52
浙商银行	23	东方汇理银行	53
渤海银行	24	华美银行	54
东亚银行	25	法国巴黎银行	55
汇丰银行	26	中国进出口银行	56
渣打银行	27	法国兴业银行	57
友利银行	28	中信银行国际	58
花旗银行	29	盘谷银行	59
韩亚银行	30		

表格 56　人民币单位银行结算账户净开户数量分地区

单位：万户

地区	数量	地区	数量
北京	5.5791	湖北	4.2142
天津	2.2714	湖南	1.2711
河北	5.95	广东	9.3666
山西	2.367	海南	1.1063
内蒙古	2.3562	广西	2.156
辽宁	3.6332	重庆	3.0082
吉林	1.7881	四川	5.1228
黑龙江	1.9058	贵州	2.4816
上海	7.6616	云南	2.014
江苏	9.4888	西藏	0.2261
浙江	9.3148	陕西	3.0652
安徽	4.1708	甘肃	2.0439
福建	4.4854	青海	0.5769
江西	2.5835	宁夏	1.0666
山东	8.2928	新疆	2.0103
河南	6.1877	深圳	6.3158

表格 57　人民币单位银行结算账户净开户数量分行别

行别	排名	行别	排名
农村信用社	1	新韩银行	34
中国建设银行	2	华商银行	35
中国工商银行	3	三菱东京日联银行	36
城市商业银行	4	大华银行	37
中国农业银行	5	三井住友银行	38
中国银行	6	友利银行	39
招商银行	7	外换银行	40
中国民生银行	8	厦门国际银行	41
上海浦东发展银行	9	法国巴黎银行	42
中信银行	10	华侨银行	43
交通银行	11	德意志银行	44
深圳发展银行	12	摩根大通银行	45
兴业银行	13	花旗银行	46
中国邮政储蓄银行	14	华一银行	47
中国光大银行	15	华美银行	48
华夏银行	16	东方汇理银行	49
广发银行	17	法国兴业银行	50
恒丰银行	18	澳大利亚和新西兰银行	51
农村合作银行	19	首都银行	52
国家开发银行	20	蒙特利尔银行	53
渤海银行	21	摩根士丹利国际银行	54
浙商银行	22	宁波国际银行	55
中国农业发展银行	23	协和银行	56
东亚银行	24	新联商业银行	57
汇丰银行	25	正信银行	58
外国银行分行	26	大新银行	59
星展银行	27	盘谷银行	60
永亨银行	28	苏格兰皇家银行	61
企业银行	29	中信银行国际	62
南洋商业银行	30	渣打银行	63
韩亚银行	31	恒生银行	64
中国进出口银行	32	城市信用社	65
瑞穗实业银行	33	农村商业银行	66

表格58　基本存款账户净开户数量分地区

单位：万户

地区	数量	地区	数量
北京	4.1488	湖北	2.9202
天津	1.6977	湖南	1.1418
河北	4.3685	广东	7.0804
山西	1.661	海南	0.8124
内蒙古	1.7799	广西	1.622
辽宁	2.8104	重庆	2.0436
吉林	1.4925	四川	3.7583
黑龙江	1.5748	贵州	1.6071
上海	4.3935	云南	1.5788
江苏	7.6095	西藏	0.1722
浙江	6.4717	陕西	2.176
安徽	2.9741	甘肃	1.3663
福建	3.225	青海	0.4493
江西	1.6211	宁夏	0.7557
山东	5.905	新疆	1.5038
河南	4.1272	深圳	4.7187

表格59　基本存款账户净开户数量分行别

行别	排名	行别	排名
农村信用社	1	大华银行	34
中国建设银行	2	华侨银行	35
中国工商银行	3	外国银行分行	36
城市商业银行	4	国家开发银行	37
中国农业银行	5	德意志银行	38
中国银行	6	外换银行	39
招商银行	7	花旗银行	40
中国民生银行	8	大新银行	41
交通银行	9	永亨银行	42
上海浦东发展银行	10	中国进出口银行	43
深圳发展银行	11	法国兴业银行	44
中信银行	12	华商银行	45
兴业银行	13	法国巴黎银行	46
中国邮政储蓄银行	14	华美银行	47
华夏银行	15	澳大利亚和新西兰银行	48
中国光大银行	16	蒙特利尔银行	49
广发银行	17	摩根士丹利国际银行	50
农村合作银行	18	宁波国际银行	51
恒丰银行	19	协和银行	52
渤海银行	20	新联商业银行	53
浙商银行	21	正信银行	54
东亚银行	22	盘谷银行	55
中国农业发展银行	23	苏格兰皇家银行	56
企业银行	24	中信银行国际	57
汇丰银行	25	三井住友银行	58
星展银行	26	摩根大通银行	59
友利银行	27	东方汇理银行	60
新韩银行	28	首都银行	61
厦门国际银行	29	恒生银行	62
南洋商业银行	30	三菱东京日联银行	63
韩亚银行	31	瑞穗实业银行	64
渣打银行	32	城市信用社	65
华一银行	33	农村商业银行	66